磯田道史と日本史を語ろう

磯田道史

文春新書

1438

「磯田道史」ができるまで
×
阿川佐和子

弥生式土器の製作に挑んだ少年時代から、
西郷隆盛、大久保利通を生んだ郷中教育まで
「生きるのに役立つ歴史学」のすすめ

あがわ・さわこ　1953年生まれ。報道番組キャスターを経て、エッセイスト、小説家として活躍。『週刊文春』の対談連載は32年目を迎える。ミリオンセラーとなった『聞く力』をはじめ、『話す力』など著書多数。

古文書探しは一人で行くのが楽しい

阿川　お久しぶりです。磯田さんは現在（二〇一八年）、国際日本文化研究センターの准教授でいらっしゃるので、お住まいは京都だそうで。

磯田　はい。月に二、三度は仕事で東京に来てます。生放送の『サタデーステーション』が隔週でありますし。

阿川　一回おきのご出演なんですね。

磯田　（手をふりながら）毎週なんてとてもできないですよ。ただでさえ古文書探しに行きたいのに時間が足りなくて……。

阿川　古文書というのは、具体的にどうやって探すものなんですか？

磯田　いくつか方法はあるんですけど、正攻法は公立図書館や博物館、美術館などの目録を眺めて「これは面白いんじゃないかなあ」と思うものを見に行く。たとえば今週だと、今上陛下（現上皇）の退位について興味があったので、以前の天皇の退位の儀式について調べてたんです。前回は約二百年前、光格天皇が位をお譲りになったときですね。

阿川　そうか、退位自体が二百年ぶりなんですね。基本的に明治天皇以降、お隠れになって次の天皇が即位されるという流れだったから。

磯田　そうなんです。ただ、僕の発想としては少し迂回して、光格天皇のさらに前の御譲位が面白いのでは、と勘を働かせる。というのも、その時、即位した後桜町天皇は女性なんですね。それで譲位に記をつけて「譲位記」をキーワードにして探してみるんです。

阿川　女性天皇だとどこらへんが面白いんですか？

磯田　天皇が、御譲位前に、自分の着衣をそれまで補佐してくれた人に下賜することがあります。それが女性である後桜町天皇のときも行なわれたのか気になりまして。

阿川　あ、女性の衣服を!?　で？

磯田　調べてみたら、小袖によく似た女性用の着物を与えていました。渡した相手は男性なんですけどね。すると、今度はもらったほうの日記はないかと探してみたり。

阿川　そうやってどんどん興味は広がっていくわけね。古文書探しは一人でされるんですか。

磯田　一人で行くのが楽しいんですよ。古文書の中には虫食いや水が滴り落ちたのが原因でページがひっついているものもあるんですね。それを（実演しながら）ペリペリペリッと、千枚通しで慎重に開ける。そのページというのはおそらく百五十年以上開かれなかった箇所なわけです。自分だけがその時間を超えて、宝箱の中を覗くことができた。だから、人と一緒に見に行きたくない。僕だけが見たんだぞと（笑）。

美容整形や食べ物の歴史も

阿川　アハハ、童話『宝島』に出てくる少年の心境なんですね。磯田さんは二〇一七年、古文書を読み解いて書かれた『日本史の内幕』と、『「司馬遼太郎」で学ぶ日本史』の新書二冊を上梓されましたけど、どちらもベストセラーになっちゃって。著者ご自身としてはどうしてこんなに売れたと分析されますか。

磯田　北朝鮮危機やトランプ政権の発足などがあり、どう生きるのか、自分たちが歩んでる道が正しいのかということを考えようという時期に入ってると思うんです。そんな中、ヒントを哲学や歴史に求める人が多いのかなと。僕も、それらに対してなんらかのヒントを与えられればと思って古文書、一次史料を読んでいます。

阿川　ご本にもありましたが、最近の歴史小説は一次史料に当たってないケースが多いとか。

磯田　ええ。昔だと司馬遼太郎さん、吉村昭さんは徹底した調査をされたうえで小説を書いていた。団塊の世代の方なんかは、既に両氏の作品を読まれている方も多いから、一次史料に当たっていてかつ比較的読みやすい歴史の本ということで僕の作品を手にとってくださった人も多いと思います。

阿川 たしかに、おじさんは歴史ものが好きだという印象があります。経営者にも歴史好きは多いですよね。

磯田 どのジャンルの本を読む人が所得が高いかという研究があるんですよ。高所得者が読むのは経済書なのかと思いきや、歴史とノンフィクションを読んでいる人の収入が実は高いんです。これは本を読んだから収入が上がったのか、収入の高い人が歴史とノンフィクションを読んでいるのかは分かりませんが、少なくとも相関はあって。

阿川 じゃあ、磯田さんの読者もお金持ちの男性が多いんですか？

磯田 もちろん男性も多いですが、女性の読者もよく買ってくださっているそうです。『日本史の内幕』には美容整形の歴史や食べ物の話も出てきますし。

阿川 あ、家康は鰹のたたきが好物だったとか。読んでいて私も浜松名物のもちがつおが食べたくなりました。

磯田 そうそう。生活感を大事にしてるんです。というのも、これまでの歴史叙述って政治史だったり……。

阿川　兵法、戦略、戦いの話が多い。だから男の人は歴史ものが好きなんだと思ってた。

磯田　でも生きていく中で、政治や戦いだけが情報として残っているわけじゃない。抜け落ちたものがあるなと思ったら、自分としては見に行こうと考えるので、女性誌が話題にしそうなことも自然と本に入ってくるわけです。

遺跡の上に建っていた実家で古文書を読む

阿川　だから女性ファンがつくんだな。ちなみに磯田さんはいつ頃から歴史に興味を持ち始めたんですか？

磯田　僕は岡山出身なんですが、家が遺跡の上に建ってまして。

阿川　遺跡の上!?

磯田　奈良や岡山は人口密度が古代以前から高かったんですね。で、人間が住みやすいところ、たとえば水に浸からないとか、そういった条件を満たす地域は昔から変わらないんですよ。イタリアだって、エトルリアの遺跡の上にローマが作られるわけですから。

阿川　居住地域は限られるから、地層になって重なっていくってこと？

磯田　ええ。だから近所で弥生式土器が出てくる。これが歴史に興味を持ったきっかけですね。また、通っていた小学校は神宮寺山《じんぐうじやま》古墳という古墳の一部を削って校地を作っていました。この古墳が全長百五十メートル、高さ十三メートルもある。子どもながらに、それを見て、新幹線が来る千六百年も前に、この町の人はもっと大きな建造物を作ったんだなと思いました。

阿川　小学生がそんなこと考えてたんですか!?

磯田　以来、不思議な行動を取ってたんです。土の中からひょこっと石が出てるのを見ると、必ずスコップで掘り出す。別に遺跡を発掘するのが目的ではなくて、石の形が分かるのが楽しかった。土から出てる石って、三角だと思っていたら、実は四角だったりする。先ほどの御譲位の話も、見えるのは今上陛下ですが、それ以前に何十回も御譲位は行なわれていた。その埋まった部分を見てみたいわけです。よく僕は古文書自体が好きだと勘違いされるんですが、古文書はあくまでも手段。古文書を読んで時空を飛び越えられるのが好きなんです。

阿川　そもそもご実家に古文書があったんですって？

磯田　はい。僕は十二代目。岡山の生家に鴨方《かもがた》藩士だった先祖の古文書が残っていました。加えて、土木技官だった祖父は緻密で、登場人物が二百人に及ぶ近親の家系図を作っていた。それをお祖父ちゃんと見たりして。

阿川　それっていくつくらいのときですか?

磯田　小学生です。えーっ、自分にはこんなにたくさんの親戚が、探せばいるんだと思いました。近所を歩くと、小学校にたどり着くまでの間に「あ、あの家は曾祖父さんのそのまた曾祖父さんのときに分かれてここに住んでる」とか全部分かっちゃう。そのほか、建築の廃材を使って家の庭に高さ二メートル以上ある出雲大社の模型を作ったり、土器を焼いてみたり……。

阿川　かなり変わった小学生(笑)。

磯田　土器に関しては、赤くてきれいな弥生式土器を復元したかったんですよ。そのためには陶芸の本を読まなくてはならないということで、辞書を引いて漢字を勉強したんです。元々僕は勉強するような子じゃなかったんですけど、知りたいことがあるから、そのために道具として字を覚えました。最初のうちは何回焼いても生焼けになって、窯を作ってもなかなかうまくできない。それが陶芸の本を読むことで窯床《かまどこ》という概念を得るんです。窯の底に石や砂利を入れることで、湿気を防ぐんだと。

阿川 そうか、湿気で温度が下がるから、石焼きにしないといけないのね。

磯田 はい。これでいけると思ったんですが、またしても失敗したんです。さらに勉強を進めると、どうやら「ふいご」というものが必要だと分かりまして。

阿川 えぇー!! ふいごまで作ったんですか!?

磯田 いや、ふいごを作るのは大変なので、身近にあったお父さんの自転車の空気入れを利用して。ところが、ホースが熱で溶けて、あっという間にダメにしてしまいました(笑)。

阿川 アハハハ。

磯田 でも怒られはしませんでしたね。空気を送り込む仕組みを考えたのは偉いと。他にも赤い色を出すために、錆びた鉄板を集めて、その中で泥を混ぜ合わせたんです。

阿川 鉄分で赤い色が出ると知った!

磯田 釉薬の代わりですね。試行錯誤の果てにようやく土器が出来ました。そのときに思ったのは文字の偉大さ。人間は文字があるから開発に長い時間がかかったであろう技術も一瞬で伝えられる。

家で育てた野菜を売って、天体望遠鏡の材料費に

阿川　そうやっていくうちに、将来は歴史研究者になろうと？

磯田　それはもう少し先ですね。お話ししたように過去に興味があったので、まずは確実に観られる過去である天体を見るようになって。

阿川　数千年前の光を見ているわけですもんね。じゃあ天文学者になろうと？

磯田　それが、天文学を学ぶためには数学が強くなきゃいけないんですね。数学は得意ではあったんですが、高校に入ったときに日月食の予測が自分で出来るかなと思って微積分を使ったりして色々やってみたけど出来なかった。そのとき、待てよと。ガロアといった数学者は、自分の歳くらいで天体の軌道計算くらいは出来ただろうと気づいちゃって。

阿川　能力の差を感じちゃった？

磯田　感じましたねえ。こっちの方向に向かっても、最先端に行くことはできない。次に考えたのが、過去に対する認識力なら自分は前人未到のどこかに行けるんじゃないかって。

阿川　それで歴史を研究しようと。

磯田　はい。その頃には古文書を解読できないと過去が認識できないことが分かってた

ので、まずは古本屋に行って古文書解読用の辞書を五百円で買ってくるんですよ。

阿川　そんな辞書があること自体を知らない（笑）。ちなみに古文書というのは平仮名と漢字？　片仮名も入ってるんですか？

磯田　平仮名、片仮名、漢字、変体仮名があります。

阿川　それは書かれた時代によって違うとか？

磯田　ある程度違いますね。また、長く古文書を解読していると江戸時代であっても書風の流行りが三十年とか四十年おきに変わるのがわかる。文字を見て、「これは天保期の可能性が高いな」とか。天保期はその前の文化・文政期よりも文字が太くなるので。で、高校のとき辞書を買って勉強するうちに、家に残っていた古文書を読むと「先祖は鳥羽伏見の戦いのときにはこんなところにいたんだ」などと分かってくる。それが楽しくて。

阿川　ほんと楽しそうにお話しされますね（笑）。基本的にひとり遊びが好きなんだな。孤独とか感じなさそう。

磯田　ないですねえ。他にもよく覚えているのが、中学のときハレー彗星が来るというので、天体望遠鏡を自作しようと思ったんですね。その材料を集めるため、僕は野菜の種をまず買うんです。

阿川　野菜の種!?

磯田　家で野菜を育てて、それを親に買ってもらって材料費にしようと。

阿川　野菜で儲けたお金で買おうと!?　なんたる発想力！　ビジネスマンになっても成功したんじゃない？（笑）

磯田　天体望遠鏡が必要なら、その作り方だけではなく、それを支える経済面も考えなきゃいけないと思うんです。それですっごく感動したのが本田宗一郎さんが会社を作ったときの話。自分で工場を建てたというからセメントや木を買ってきたのかと思ったら、石灰を買ってセメント自体を自分で調合して工場を建てたんですって。

阿川　ええっ!!

磯田　いまの日本人に欠けているのはこの精神だと思うんですよ。明治生まれには、いわゆる偏差値教育では出てこない発想があった。ほんとうの教育はソリューション、問題解決力の養成だと思っているんですよ。

西郷、大久保を育てた「郷中教育」

阿川　そうそう、磯田さんが薩摩藩の武士の子どもの教育制度について語ってらした記事を読みました。あれこそ問題解決力を鍛える教育ですよね。NHK大河ドラマ『西郷《せご》どん』（二〇一八年）の話に繋がるかもしれませんが。あのドラマの時代考証を担当なさってるんでしょ？

磯田　ああ、郷中《ごじゅう》教育のことですね。ドラマでも登場すると思います。まず、薩摩藩の子どもたちは学校の施設自体を毎日子ども自身が用意する。「今日はどこの家を教室にしようか」と相談して、代表者が「今日、郷中の者たちでお宅の広間を借りたいんですけど」と武家屋敷に交渉にいくんですね。

阿川　先生は誰が務めるんですか？

磯田　集団の中で先輩の人間です。そのリーダーを二才頭《にせがしら》と呼びます。教室を借りると詮議というのが始まる。詮議はケーススタディ。「親の仇、主君の仇、両方がいる者はどちらから討つべきか」とか、先輩が問題を出すんです。

阿川　親の仇と主君の仇のどちらを先に討つべきかという問いが与えられると。

磯田　「主君のほうが大事だから、まずは主君の仇を」と言ったら、「だけど、主君の仇を探しているうちに、親の仇が死んじゃったら駄目だろう。逆もまたしかりだ」なんてやり取りをする。そしたらある子が「行き当たり次第に」と言うんです。すると「それ、模範解答」って（笑）。

阿川　ハハハ、先に会ったほうを討てということですね。

磯田　会津や水戸だと、絶対に主君の仇からという理念主義になるんです。ところが薩摩は発想が非常に柔軟。だから薩摩出身の軍人たちが率いていた日露戦争までは日本は勝ってます。

阿川　はあー。その郷中教育で二才頭だったのが西郷隆盛なんですって？

磯田　大久保利通も、その郷中です。

阿川　ちなみに大河ドラマの時代考証というのは具体的にはどんな作業なんですか？

磯田　今回は自分も含めて三人でやってますが、僕は入り口の時代考証。西郷関連の史料・史観を集めて提案する。この史料や考えは使って大丈夫かという考証を担当しています。でもあんまり詳しいことはまだ言えない（笑）。

阿川　フフフ、放送をお楽しみに。そういえば、近年、坂本龍馬が歴史の教科書から消えるんじゃないかという話も出てますけど？

磯田　あれは文科省が消すと言ってるわけではなくて、「高大連携歴史教育研究会」という高校から大学への教育の連続を考える会の方々が、ここ何年かで歴史用語があまりに増えすぎているので、減らしたほうがいいんじゃないかという提言をされていて。

「その人にしかできないものがある」人を育てるには

阿川　あ、決定事項ではない？

磯田　ええ。ただ僕が思ったのは、歴史の中で覚えるべきものには軸が二つあるなと。過去社会の因果関係を理解するため歴史学的に重要と思われる用語と、現代社会を生きるため覚えておく必要がある用語。そうすると、始終ドラマになり、空港の名前にまでなっている龍馬は後者の軸に入る。教育の中に必要と考えています。学者のようになるのが教育ではない。人間に未来を生きる力を与えるものが教育です。他にも『忍たま乱太郎』や『NARUTO─ナルト─』など、忍者が国際的な人気コンテンツになっている以上、忍者についての歴史教育だって、されていい。

阿川　たしか磯田さんはいま忍者の研究をされてるんですよね。

磯田　そうなんです。歴史学的に価値があるものも大切ですが、僕は現代社会に必要と思われる歴史知識という軸を調査、研究するほうにシフトしていってる状況です。

阿川　へぇ〜。生物学者の福岡伸一先生とお話ししてても思ったんですが、幼少期にひとつでもこれは好きだってことがあったら、とにかくそれを一途に追っかけることで、そこから派生して興味が湧いてさらに他の分野の知識が広がる。平均的にものを知るより、磯田先生や福岡先生みたいに一点を突き詰めることで人は大成するんだなと感じました。

磯田　僕は大成してないですよ（笑）。いま聞いて思ったのは、数十年後には人工知能、ＡＩがこれまであった様々な仕事を代替していく時代になる。一方で、平均的な知識を持つ人間が要求されるのは、機械化に社会が向かうときです。取扱説明書に従い画一的に行動できる人を養成する必要があるので。

阿川　ほうほう。じゃあ人工知能の時代は？

磯田　唯一無二、余人をもって代えがたい情報と発想を持った人が必要とされるでしょうね。そんなニッチなことをよく知ってるね、そんな発想よく出るねという脳と行動力を持った人。

阿川　どんな知識でもいいんですか？

磯田　もちろん。ただ、その知識に需要があるかどうかは大切ですよ。

阿川　いわゆるコミュニケーション能力は？

磯田　コミュニケーション能力は大切だが、それだけではない。平均人は人工知能に負ける。未来は「その人にしかできないものがある人」が価値を持つ。ただ、じゃあそういう人材を作るには、どんな教育がいいかは行政も有識者も、まだつかめていない。

阿川　磯田さんでもそこはわからないんだ……。これから子どもを育てようとしている親は、子どものなにを見てやればいいんでしょう?

磯田　僕は、とにかく楽しく学び続ける心が大切だと思いますね。好奇心を持って、常に勉強していることが楽しい脳内状態になるのが大事かな。

阿川　それ、磯田さんそのものじゃないですか（笑）。

磯田　いやいや、我々だって、狭い間口の分野で無二になっても、その分野に需要がなくなれば終わり。また違う方を勉強しなきゃいけない。動きの速い社会では知識はすぐに陳腐化する。知識より発想・好奇心・学習力が大切かな。ほんと、これからは従来の仕事は、どんどんなくなっていきますから。

日本史のリーダーを採点する×半藤一利

「切り捨て力」の信長、頼朝の「独創性」
夫より偉かった? 持統天皇、矛盾が魅力の尊氏と隆盛
歴史上の人物の「実力」を徹底分析

はんどう・かずとし　1930年生まれ。『週刊文春』『文藝春秋』編集長を歴任、〝歴史探偵〟として近現代史を研究。『日本のいちばん長い日』、『漱石先生ぞな、もし』、『幕末史』、『昭和史』ほか著書多数。2021年逝去。

日本的なリーダーシップとは

半藤　最近、リーダーシップ論というのがやたらと流行っております。そこで、果たして日本的なリーダーシップとは何ぞや、というわけで、今回は古代から幕末までのリーダーを、私と磯田さんとそれぞれ十人ずつ推薦して議論し、十傑を選び出してみたいと思います。その中で、今、日本人に必要なリーダーの姿が見えてくればいいと考えています。

ところでリーダー論の前提として言っておかなくてはならないことが二つあります。ひとつは、そもそもリーダーシップというのは軍事用語で、「将に将たる者」を表し、勝ち負けで言うと勝ったほうを指すんですね。負けたほうは、相当なリーダーシップがあっても、残念ながら挙げるわけにはいかない。今川義元がどんなに教養のあるリーダーでも、桶狭間で首をちょん切られてしまっては駄目なのです。つまり、リーダーシップというのは歴史の勝者に与えられる栄誉と言ってもいいこと。

また、次も大事なことなのですが、日本において影響力の大きいのは、歴史作家の描いたリーダー像で、これは文献的には相当に怪しいところもあるということです。とくに一般には海音寺《かいおんじ》潮五郎《ちょうごろう》さんや司馬遼太郎さんの影響が大きいことを前提にしなくてはならないと思います。

磯田 ただ、半藤さんは海音寺さんや司馬さんとは違った、〝裏の視点〟で日本史を見た坂口安吾さんからも薫陶を受けておられますよね。

半藤 まあ、安吾さんから歴史の話は山ほど聞いていますが、安吾流の歴史人物像というのは、意表をつきすぎて、ちょっと怪しいところがあってね（笑）。

磯田 怪しいかどうか私にはわかりませんが（笑）、安吾さんって、意外と真を衝いたことを言ってそうな気がします。

信長は「世間の相場なんてどうでもいい」

半藤 ならばお言葉に甘えて、安吾直伝のリーダーから挙げると、トップは何と言っても織田信長だと思います。信長は日本史上、例外的な男です。他の人間には果たせなかった役割、つまり歴史を回転させるという役割を、たった一人で成し遂げてしまった。これは奇跡的と言ってもいいのではないでしょうか。

磯田 それは私も同感。ただし戦国期の武将たちは、多かれ少なかれ信長的なものを共有していました。

信長的なものとは何かといえば、司馬さんは合理主義と言いますが、私は、何かをあきらめることの強さ、言ってみれば「切り捨て力」の強さではないかと思っています。

それまでの日本は、神仏や家柄など伝統的なもの、慣習的なものに強く縛られていました。ところが戦国期に入ると、それらを一気に捨てることができる人物が登場します。たとえば、信長に比べて保守的なイメージのある毛利元就ですら、その傾向を強く持っている。元就が子供たちに与えた手紙を読みますと、「(お前たちは) よく信心をしているけど、それだけではだめだ」などと書いてあります。そういう切り捨て力を戦国武将たちは持っていたと思います。

半藤 信長はそれが極端に出た人物というわけですね。

磯田 そして、彼らの切り捨ての基準となったのが、「効率」と「力」だと思います。これが効率的である、機能性を持っていると思ったら、それにまっしぐらに行って、他をバッと捨てる。それまでの日本人がなかなか出来なかったことを彼らはやった。

半藤 機能性ということで言えば、技術、テクノロジーへの信頼というのもありますね。これも安吾直伝ですが、信長は何と言っても鉄砲をあれだけ上手く利用した。本当はやってないと思うけど(笑)、長篠の戦いでの鉄砲三段撃ちなども、技術を上手く使った逸話なのだと思います。

磯田　あれはやってないですね（笑）。ただ、一戦場に、あれだけの鉄砲を並べ、敵を圧倒したところが重要なんです。

半藤　それから、あの戦いで大事だったのは、自分の陣地の前にたくさんの柵を作ったことですよ。長篠の合戦場に行ってよくわかったのですが、武田軍の陣地というのは、坂の上にあるんですね。そこから、ワーッと馬で降りて信長の陣に攻めかかっていく。信長はそれを柵で防いで、内側から鉄砲で撃った。原っぱにいただけなら踏みつぶされていたかもしれない。そういう意味では、鉄砲と土木、両方の技術の融合が生み出した勝利と言っていいでしょう。

磯田　誰も考えなかった発想をするところが、信長の真骨頂ですからね。あるとき、息子信忠《のぶただ》の養育係が、「信忠さまは、大した人です。恩賞を与えるときに、この手柄なら馬、これなら金何枚ときっちり世間の相場で渡すことができます」と報告してきた。これを聞いていた信長は見る見る内に顔色を変えて、「馬鹿もいいところだ」というようなことを言った。世間の相場なんてどうでもいい。武将は他人の思いもよらぬことをやらなくてはならない。敵が油断しているところに兵を出すからこそ勝てると。

半藤　ただ、部下として、あまりに尖鋭的独断的な信長に仕えるのは、大変だったでしょうなあ。結局のところ信長は、自分が楽しければ、何でもいいと思っている節がありますよ。

磯田　家来を生き残らせるとか、庶民に平和を享受させるとかそういうことに興味はありませんからね。人間はどうせ死ぬ。自分が生きた証《あかし》さえ残せばよい。そういうニヒリズムで信長はできていました。ですから、今回のテーマにそって考えると、今、危機の時代だから信長にリーダーになってほしいかといえば、そうは思わない。生き様は好きで、会ってみたい人物ですが、国の運営はやらせたくない。

半藤　独創的で個性的、天才だけど、危なくてついていけないよね（笑）。

新しい国家のデザインを考えた頼朝

磯田　そこで今の時代に一番考えなくてはいけない人物ですが、私は源頼朝だと思います。時代が大きく変わり、中央というものがだんだんと衰えてきた時、新しい国家のデザインを考えて、それを地方から発信して押し広げた。地方の首長に注目が集まる今、まさに見直されるべきリーダーだと思います。

半藤　実は私も信長の次は頼朝を挙げようと思っていたんですよ。いや、こっちが一番かな。頼朝は、義経っていう人気のある弟のせいで、ずいぶん損をしていますなあ。判官《ほうがん》贔屓《びいき》か何か知りませんが、私に言わせりゃくだらない話ですよ（笑）。

頼朝のすごさを簡単に言ってしまいますと、まず自分自身が独裁的な権力をしっかりと握ったこと、次に幕府という新しい武家政治を始めたこと、最後に経済というものを初めて政治に取り入れたこと、この三つではないかと思います。この三つを同時にやってのけたのですから、リーダーとしては、日本史上一番の人じゃないですかね。やはり彼が武家政治の時代を作ったわけですから、リーダーとして卓越した人だったと思います。

磯田　頼朝はおそらく京都生まれである。にもかかわらず、天下を取った後も戻ろうとしない。そこが面白い。むしろ、独創的といったほうがよい。中世というのは、経済は完全な西高東低。当時は文化も生産技術も西国が優位でした。中国との貿易で富を蓄えてもいました。頼朝はそこを政権の基盤にしないという決断をした。もちろん都に興味のない関東武士団に支持されていたこともあるでしょうが、ここで初めて京都周辺以外に政権が出来たわけです。

半藤　その関東武士団を統率した能力にも、恐るべきものがあります。家臣たちには、権力を分け与えるようで与えない。この按配《あんばい》が実に上手い。

磯田　家臣の気持ちが、自分から離れそうになる瞬間、手綱をぎゅっと締める、その見極めが実に上手い。たとえば義経と一緒に京都に行った家臣たちが、勝手に官位をもらったことがありました。頼朝はそういう兆候があると、絶妙なタイミングで、家臣を叱りつける手紙を出す。その内容が本当に面白いんです。一人ひとりの名前を挙げて、「お前は目が細いくせにこんな官位をもらっても似合わない」とか（笑）、容姿、とくに顔立ちのことを一番傷つくような言い方でけなしている。

本当なら、怒って義経と一緒になって歯向かいそうなものですが、これで家臣団はしゅんとなって、申し訳ありませんでしたと頭を下げて帰ってくる。それを許すことで、また君臣の関係がよくなっていくんです。いくら源氏の棟梁だといっても、こういうことが出来るのは不思議です。

半藤　その背景には、先ほど話した政治と経済の関係もあるのだと思います。頼朝ほど土地についてきちんと理解し、問題を解決した人はいません。関東において土地の紛争を起こさないという命題を見事に解決しました。

磯田　鎌倉時代の重要文献である『玉葉《ぎょくよう》』を読むと、頼朝は理屈が通っているかそうでないかの判断がきわめて早く、正確だったと書かれています。

半藤　あの時代の土地の訴訟って、本当に複雑極まりないもので、今の裁判の比ではないですからね。それをパパッと彼が裁断して間違いがないというのだから、相当頭が良かったのでしょうね。

磯田　しかも、将軍のカリスマ的決断も、世襲を重ねると、いつまでもは続かないこともわかっていて、京都から今で言う法曹官僚をたくさん引き抜いてきて、法律顧問団みたいなものを作る。大江広元などがそうです。

半藤　後の室町幕府と比べても、鎌倉幕府は非常にしっかりしているんですよ。

磯田　中世の訴訟を研究している人に聞いたのですが、この時代の感覚では、焼印を入れられたり、指を切られる残虐な刑罰よりも、土地を没収されるほうが、つらかったというんです。それだけ、土地というものが大事だった。命よりも土地を取られるほうが嫌な人たちだったかも知れません。そう考えると、この時代のリーダーシップとは、人がほしいと思っているもの、つまり土地権利を確実に保証してくれる権威者なんですね。

リーダー東西交代説

半藤　頼朝のリーダーシップを考えていてひとつ思いついたことですが、日本史をざっと見ると面白いことがわかるんです。歴史探偵たる私の思いつきですから、聞き流してほしいのですが、要するにもともとの日本人というのは穏やかな農耕民族なんですね。そこへ西から遊牧民族的な荒々しい、奇道を重んじる人間が入ってきて、穏やかな人たちは東に追いやられる。ここで内輪に内輪にという非常に穏やかな東と、人の迷惑を気がねなしに力押しでくる荒々しい西とに分かれます。その後は、西と東が交代で日本を支配するような、そんな歴史が繰り返されたのではないか。

東型の社会は農耕的ですから、なるべく出っ張らないように土地という限られた資源をどう分配するかが重要な社会。西型の社会は遊牧的、もしくは商業的ですから、物を動かすのが好き、重箱の隅まで掃除するのが得意、そんな意志と行動によって資源は無限に広がる社会です。

平安時代までは西の文化です。あの時代は世間が思っているほど穏やかな文化ではありません。その最後に平清盛がいて、それをひっくり返して出てきたのが頼朝。つまり頼朝は日本史上で最初に東の文化で日本をまとめた人物ということになる。これが室町や戦国時代になると、また西の荒々しい文化になる。その最後に出てきた西の大将が信長です。そして、徳川家康の江戸時代は当然東。すると明治は薩長閥の天下だから、文句なしに西の文化。もちろん大雑把に言ってですが。

磯田 それが昭和になって東になったのですか？

半藤 そこはわかんないねえ（笑）。西的であった要素も強い。

磯田 でも、昭和の軍の指導者は東の人が結構多いですよね。東条英機も米内光政も岩手、山本五十六も新潟。

半藤 確かにみんな土地にこだわる人たちだ。そして弱肉強食ではない。

磯田 昭和も戦後になると、また西になるのかもしれません。高度成長期の大蔵省や通産省の官僚、それに総理も西の文化の人たちのような気がしますね。池田勇人は広島、佐藤栄作は山口、吉田茂も元をたどれば高知です。

半藤 この東西の文化をさらに考えると、東は上下関係がはっきりしていて、上の者が下の者にほしい物を与える文化。いわば縦型の社会です。

磯田 私はもともと西の人間で、東に住んで驚いたのは、千年経ってもいまだに武士団の文化のようなものが残っていることでした。たとえば民俗学の調査で茨城に行って驚いたのは、水戸の北のほうでは昭和三十年代まで烏帽子親《えぼしおや》の習慣が残っていたことでした。血縁的なものではない、親分子分の家のつながりがあって、親分が子分の家の子が成人するとき、加冠の儀をやって烏帽子をかぶせる。そして、もし子分の家に優秀な子どもがいて、東京に進学する学費がないとなれば、親分の家が出してやるといった風習が残っていた。

半藤 一方、西では縦型ではなく、横型というか同心円型の社会なんですね。

磯田 たしかに、西の山奥で民俗学の調査をするとそう感じますね。たとえば甲賀地方で史料を探すとわかります。言ってみれば、西はサークル文化なんです。上には生身のリーダーではなく、神仏など超自然的なものを戴いて、それを中心にみんなで円陣、車座を作って、神仏の前の話し合いで合意形成していく文化です。俺が棟梁だとか言っても、従わせることは難しい。ですから、西と東では、リーダー像がずいぶん違う気がしてきます。

半藤 その東型のリーダーシップの原型を完成させた男として、頼朝の評価を考えてみるとさらに面白いと思うのです。

東の縦型リーダー上杉謙信

磯田　その流れで言えば、私は東の縦型リーダー像の典型を上杉謙信に感じます。

半藤　東そのものだね。謙信は。

磯田　みんながやりたくないことをやらせる能力に、謙信ほど長《た》けた人はいなかった。弱肉強食の戦国時代に関東管領という名目だけの役職にこだわって、わざわざ越後から山を越えて関東に出ていく。そんなことに付き合ったのですから、越後人というのは、本当に人が良すぎます（笑）。

半藤　私も子供の時分は長岡にいたから良くわかります。とにかく越後は人がいいですよ。謙信もそうだけど頼まれたら断れないんですね。どこへでも出ていって戦う。だからといって、謙信についていっても土地を奪うわけじゃないから、ほとんど得をしない。あの人は、土地を占領するって思考がまったくないからなあ。

磯田　凍え死んだり溺れ死んだりするような川を越えるときでも、謙信の采が振られるや否や飛び込んでいくんです。越後人の利害にさほど関係がない戦いでもそうさせてしまう。これもまたひとつのリーダーシップの形だと思います。

半藤　そこがいかにも東型です。謙信を越後という国で見ていくと「情報不足」というキーワードが浮かぶんです。これは、河井継之助もそうだし、ひょっとすると山本五十六だってそうだったかもしれない。情報ってのは、相手の実力とか自分の実力を計る上でも重要な要素ですよね。ところが、東の人たちはその辺りあまり考えていないのでは、と思う時があります。

だからリーダーとしては逆に、謙信のライバル武田信玄を挙げておきたいですね。松本清張さんが大の信玄好きで、さんざん立派だと教えられた影響が大きいんですがね（笑）。清張さんはとにかく、信玄を中国の王道思想を会得して、その理想に基づいて行動した名将だって言うんです。

磯田　私に言わせると全部逆ですよ（笑）。信玄ほど覇道に徹した人はいないと思います。

半藤　「人は城、人は石垣」などの言葉で知られる人治の人というイメージがありますがね。

磯田　武田が滅びた後、徳川軍が旧武田領に進駐すると、人を煎り殺すための処刑用の巨大な釜が置いてあった。ケチな家康はそれを見て、これを使えば一罰百戒になるといって喜んだ。すると家臣の本多作左衛門《さくざえもん》が来て、武田が簡単に滅びた理由を考えてみてください。こんな釜を使って恐怖で人を治めても限界がある。そんな性根では、天下は取れませんぞ、と諭したという逸話があります。実際、家康というのは、軍事的な側面は信玄の真似をしていますが、統治の面ではむしろ北条家を参考にしていることが多い。

西型・毛利の苦悩

半藤　北条一族というのも立派なリーダーですよね。しかも、創始者の北条早雲だけがよいのではなくて、氏綱《うじつな》、氏康《うじやす》の三代の治世というのは、現代の企業にも通じるお手本だと思います。

磯田　早雲が持ち込んだ室町幕府の重臣、伊勢家の家風でしょう。

半藤　早雲は一介の素浪人ではなかったんですか？

磯田　早雲の姉は今川家に嫁いでいますし、室町幕府の名族の一員で教養人だったことは間違いありません。「早雲寺殿二十一箇条」には、朝は四時半頃に起きろとか将棋は指すな、本を読めと実に細々子供に伝えている。

半藤　北条氏は代々子供に受け継がせるのが上手いんだよねぇ。

磯田　今で言うと社員教育に通じるものがあります。ただ上手くいったのは三代目まで。四代の氏政《うじまさ》あたりで怪しくなって、五代目氏直《うじなお》の時に秀吉に滅ぼされてしまう。関東統一に目が行き過ぎて、中央権力の正体を理解できなかった。北条家の宿命的限界と言えるかもしれません。

半藤　小田原の陣で秀吉と上手く外交をやれば、相模一国だけは安堵されるって可能性もあったように思いますがね。やっぱり滅びてしまうと、評価が落ちますな（笑）。

磯田　人を見抜くという意味では、毛利元就は凄いですよね。北条家に劣らず教育がしっかりしている。

半藤　朝鮮と密貿易をずっとやっていますからね。勘所がいいんですよ。いかにも西的で情報にも通じていた。

磯田　朝鮮から一級の書籍が入って来ていて、医療でもなんでも最高のものを揃えている。あの家は戦国文字文化の最大受益者です。

半藤　そういう家風が幕末まで変わらないから、吉田松陰なんていう勉強好きが生まれたわけです。

磯田　信長が勃興してきたときも、冷静に外交戦略を考えていた。だからこそ江戸まで生き抜けたのでしょう。情報なく滅びた東の北条。残った西の毛利。対照的です。

半藤　よく生き残りましたよ。ただ毛利輝元だけは、納得いかない。関ヶ原の時に合戦に参加しないで大坂城にいて、何もしないで逃げ帰ったでしょ。もう少し、何か出来なかったものでしょうかね。

磯田　それは、毛利家のためなら死んでも突撃するような家臣団が大国のわりになかったからではないでしょうか。これは私の仮説ですが、中国地方のように山地の谷間が多いところでは、家臣たちも分権的で、毛利家はそれを束ねる連合王国の盟主でした。濃尾平野にいて中央集権体制を作りやすかった織田家とは違う。だから毛利は領土が拡大するにつれ、平地で敵を圧倒する野戦をやらない。いや、やれなくなっていました。「毛利の高陣」という言葉があるくらいで、高くて安全なところに布陣して、数の力で外交戦に勝つ、というのが大国になってからの毛利の戦法です。毛利輝元は家康に身の安全を保証されると、やる気が失せた。関ヶ原の後、大坂城で頑張っていると、家臣が先にばらばらになるおそれがあったのではありませんか。

半藤　早く帰らなくてはならない理由はそこにあったのか。

磯田　先ほどの東西文化で言えば、上の者の言うことを死んでも聞くという東の文化が西にはない分、毛利家も辛かったと思いますよ。

半藤　なるほど、西型で何事にもあまり執着しないいんですね。それに勉強しすぎると勇猛さがなくなるからね。

秀吉のシステム開発、家康の技術崇拝

磯田 誰が強かったか、という話なら、戦国時代に人間離れした強さを誇ったのが、豊臣秀吉です。信長より家康より強い、なんせ生涯でほとんど負けたことがないですから。

半藤 だって、いつだって大軍を揃えて負ける戦争をしなかったもの。

磯田 そこが凄いところです。ああいう身分から裸一貫のし上がってきて、勝ち続けた。戦争は政治の延長という近代的思想の如く、政治力でもって大軍を動員し、敵をねじ伏せた。相手に自分の条件を飲ませる交渉力も含めて、大変な人物だと思いますが。

半藤 でもね、私は嫌いなんですよ、秀吉（笑）。要するに信長の真似をしただけでしょ。だから、秀吉をリーダーの手本として認めることはできませんな。

磯田 確かに、信長のやったことをシステム化して全国に推し進めた。システム開発という意味では、石田三成との共同作業という側面も否定できません。

半藤 結局のところ秀吉というのは、軍師の力が大きいんです。竹中半兵衛、黒田官兵衛といった存在を無視できません。ここが、何でも自分で決断した信長との最大の違い。

軍師を上手く使うのが、日本のリーダーの資質と言われればそれまでですが。

磯田　私は、秀吉を「結果の王者」だと考えています。最後に結果さえ出せば、どんなものでも使うし、飲みこむんですね。散々敵対したはずの、家康だって家臣に組み込んでしまうわけですから。まあ、体制に設計ミスがあったのも特徴ですね。結局、家康には裏切られて豊臣家は滅びた。

半藤　耄碌《もうろく》したんですよ。そもそも、五大老の制度だって、あんなに巨大な領地を持っている人間たちに、権力を与えたら、てんでバラバラなことをやって潰れるに決まっていますよ。まあ、西のリーダーの特徴そのものですが。

磯田　秀吉は出自が低いから、求心力を保つのに苦労しています。口癖が「よき夢を見させようぞ」だったと伝えられています。自分について来れば、領地でもお金でも与えようということです。余りにも大盤振る舞いをしたために、自分の収入が激減してしまった。みんなが心配していると「自分は天下を持っている。領地がなくなったら家臣に養ってもらう」なんてことを言っていたそうです。そんな、何か欠けているところがあったからこそ、天下が取れたのでしょうけど。

半藤　でも、それが命取りになってしまった。

磯田　戦国期のリーダーで重要なのは、信長のところでも論じましたが、技術崇拝があることです。意外かもしれませんが、徳川家康がまさにそうだと言えます。
松平郷という徳川（松平）家発祥の地があります。山間のまことに小さな谷間ですが、初代の頃から山を切り開き、用水路を開削し、石の橋をかけている。こうした技術によって豊かになってから、川下に侵出して行った。家康にはこの技術への信仰が受け継がれているように感じました。
半藤　家康の場合は、盟友であり師匠でもあった信長が、技術を大事にしたからではないですか。ただ、家康はよくわかっていましたよね。だからこそ家康とその子孫たち幕府の連中は、秀吉が命じた刀狩をさらに推し進めて、日本を武装解除してしまった。あれは、テクノロジーがいかに恐ろしいものか、知り尽くしていたからできたことですよ。
磯田　危機に陥ったときに日本人は、テクノロジーを重視することでしか生き残れない。それを本能的に知っていたリーダーだけが戦国を生き抜けたような気がします。

恐妻家？　天武天皇

半藤　平安時代というのは、リーダーらしい人物は見当たらないですね。

磯田　確かに誰もいませんね。菅原道真や藤原道長といった権力者はいますが、日本史を代表するリーダーとして選ぶほどではない。もし対馬《つしま》海峡が大陸と地続きだったら、あっという間に潰されていた国家だったかもしれません。

そこで古代ですが、対外危機を乗り切ったということで、天武天皇は挙げておきたいところです。兄の天智天皇の時代は白村江の戦いの敗北もあって、琵琶湖のあたりまで中国の軍隊が攻めてくる危険性があった。そこで天武天皇は一転して、世界最先端の知識による国家作りを行ないます。結局のところ明治維新だって、最先端の知識を外国から持ってきて一気に国を作り上げた。その典型的な図式が天武天皇には見られます。租税や地方支配、「日本」という国号を名乗ったという点からもリーダーにふさわしい。

半藤　ないものを外に真似て日本の国情に合わせて作りあげてしまった、という意味では、天武天皇は素晴らしいリーダーだと思いますが、ことによると、女房の方が偉かったんじゃないですかね（笑）。持統天皇は、かなりの人物でしょ。

磯田　天武・持統天皇の合葬墓というのは、八角形でしょう。これは宇宙の中心を表しています。この形にこだわったリーダーは、他には信長ぐらいです。彼らは「世界の中心は私だ」と叫ぶ人かもしれません（笑）。

半藤　壬申の乱のときのことを考えると、面白いですね。あの頃の天武さんは気が弱くて、殺されると思って吉野の山に逃げてしまった。それに発破をかけたのが、持統さんですよ。

磯田　殺《や》らなきゃ殺られるわよ、くらい言ったのかもしれない（笑）。

半藤　いまで言うと田中眞紀子さんみたいな人かもしれないですよ。そう考えると天武天皇は、大変な奥さんを持ったもんだ。

磯田　ほぼ同時代の藤原鎌足を挙げたいのですが、どうですか。

半藤　陰謀家だし大した人物には思えないけどねぇ。

磯田　平安を飛ばして中世では、平清盛と足利義満ですね。この二人は東シナ海の経済交流というものをよく理解していて、その経済力を背景に強い政権を作り出した人です。それに禅僧など、当時の知識人から余すところなく情報を吸収している。

半藤　あの時代の中国は、日本から見てとてつもなく大きい存在でしたからね。

その中国が今また巨大な国家になりつつある。そういう視点から見ると大事なリーダーかもしれないですね。でも、ともに独裁者すぎて、日本人の手本には不適だと思いますよ。

足利尊氏は中世の「西郷さん」？

半藤　私が、意外に好きなのが足利尊氏。リーダーとしてだけでなく人間的にも魅力あふれる人物なんです。私らが子供の時は、逆賊とか言われて、とんでもないやつの典型として教えられていた。長じてちょっと本を読んでみると、これほど面白い日本人はいないと思うようになりました。

磯田　大賛成です。尊氏は会ってみたい歴史上の人物の一人です。大いなる矛盾を持っているのですが、その矛盾がさらなる魅力を生み出している。人間が人間に惚れ込んで、吸収してしまうよう。尊氏はまさにそういう人物の代表格。こういう人は、他に西郷隆盛くらいです。

半藤　ほお、西郷さんに似ているってのはいいねぇ。尊氏って強いのかと思うと、気が弱いし、欲張りかと思うと淡泊だったり。矛盾そのものです。まさに西郷さん。

磯田　尊氏は、敵味方や自分と他人の区別がない人だったのではないでしょうか。後醍醐天皇をあれだけ苦しめて吉野の山の中まで追い込んだ、それにもかかわらず菩提を弔い天龍寺を建てる。弟の直義《ただよし》だって毒殺しておきながら、自分の幸せはすべて直義に与えるようにと願って地蔵絵をひたすら描き続けたりする。

半藤　それは本気でそう思っていたんだと思いますよ。そこが魅力です。

磯田　しばしばうつ病になってたんじゃないかと思うこともありますね。鎌倉幕府に名和長年を討つことを命じられたとき、最初は意気消沈していた尊氏でしたが、お母さんに縁のある丹波の篠村八幡宮に行ったあたりで、いきなり態度が変わる。突然、「これから、六波羅探題《ろくはらたんだい》を討つ」という大演説をぶって、兵士たちを奮い立たせてしまう。これが、鎌倉幕府の命運を決めてしまった。

半藤　よくわからないってところも尊氏の魅力だから。西郷さんそっくりだ。

磯田　ある人が「西郷は餅のような男」と回想しています。網の上に二つ餅を置いて焼くと、どんどん膨らんでやがてくっついて一つになってしまうと。自分と他人との区別がなくなるんですね。

半藤　戊辰戦争でやっつけた庄内藩の連中が、西郷さんほど立派な人間はいないって言って、弟子になってしまったわけですから。

大石内蔵助の合理主義

磯田　江戸期では米沢藩の上杉鷹山《ようざん》ほど偉い殿さまはいなかったと思います。人口は減る、経済は好転せず、最低生活の保障はしなければならないというときに、曲がりなりにでもそれを成し遂げたのが鷹山です。しかも、それを殿さま自身の手でやり抜いたところがすごい。

いろいろな殿さまを見てきましたけど、鷹山ほど物事に真剣な人を見たことがありません。領内で死刑の執行があるときは、誰とも口をきかずに正座をしている。その日は、わずかな食べ物しか口にしなかった。

半藤　藩政改革に成功した名君というのは他の藩にもいますけど、実際はいい家来がいたからできたのがほとんどですからね。

それから、組織力のリーダーと言えば大石内蔵助を入れないわけにはいきません。忠臣蔵の四十七士ってのは、実によくできているんですよ。石高も家老の大石を筆頭に足軽までバランスがいいし、年配から若者まで揃っている。剣の名手、ペンの名手も揃っている。これを組織し、苦難と戦いながら一年半以上もの間、統率していったのは、只者ではありません。

私は、どうして大石にこんなことが出来たのか考えてみたんです。それは、先ほどの東西の分類でいうと大石は、実は東の人間だからではないかと。もともと赤穂の浅野家は茨城の笠間が領地でした。大石を含めて家臣団は根が東の人間なんですね。だから上の者の言うことを死んでも守る規律があった。これは瀬戸内の人間には出来ませんよ（笑）。

磯田　大石に関しては、親戚だからほめ過ぎないように気を付けたいです（笑）。

半藤　えっ。そうなんですか。

磯田　大石の母親は岡山藩の家老の娘なんですが、その家から岡山支藩士だったわが家に嫁が来ているから、その当時では、親戚だったんです。

半藤　そうですか。それならなおのこと褒めてください（笑）。

磯田　武士社会の研究で第一人者の笠谷和比古さんから聞いたのですが、この仇討は常識では計れない特殊なものだとして二つの理由を挙げてくれました。まず、討ち入りするまでの詳細な会計報告書があること。次に、吉良邸の外に医者を待機させて、簡易の救護所を作っていた。このところに、大石の合理主義を感じます。

半藤　常に平常心なんだよね、あの人は。お家取り潰しに仇討に、経験したことがない危機の時に、平常心を保ち続けるというのは、並大抵のことじゃありません。

磯田　遺された大石の手紙を読むと、一定の間隔で淡々と書かれ、字の大小がありません。動じない人だったのでしょう。

半藤　仇討は再仕官のためのアピールだったなんてことを言う人もいますが、いかがですか。

磯田　当時の武士たちはお家が第一ですから、その望みを一切持たなかったとは言えません。赤穂事件の数十年前に起こった浄瑠璃坂《じょうるりざか》の仇討事件では、恩赦の後、再就職に成功した人もいました。それを考えると、大石は合理的に生き抜ける方法を考えた可能性もあります。これは、大石たちの仇討の価値を下げるものではなく、きちんと相手を倒し、忠義を見せて自分も生き抜くというあの時代の武士たちのリアリズムだったと思います。

日本人離れした大村益次郎の頭脳

半藤　幕末では、勝海舟を挙げたいですね。これまで立派なリーダーを挙げてきましたけど、「達人」というべき人物は海舟だけですよ。何にも執着せず、自分の行動哲学だけはしっかりもっている。

磯田　短期的な利益と長期的な利益の見極めがしっかりできる人間は少ないですよね。しかも、生と死のどちらに転ぶかわからない。そんな、危ない橋を渡りながらも、その状況を楽しんでしまう人物は、「達人」と呼ぶにふさわしい。海舟にしても山岡鉄舟にしても、幕臣に多かった。
半藤　海舟の言葉で「みんな敵のほうが楽でいいよ」というものがあります。あいつはどっちだ、なんて深く考える必要はないと割り切っていていい言葉です。
磯田　大村益次郎というのは、純粋なリーダーとは違うかもしれませんが、挙げておきたい人物です。海舟のように達観しているのとは違って、どこか感性が切れてしまっている。余りに日本人離れしています。
半藤　火吹き達磨《だるま》とあだ名された顔からして日本人離れしてるよね（笑）。
磯田　戊辰戦争で、東北に攻め込んだ時に、世良修蔵《せらしゅうぞう》という長州人が仙台藩士に殺害され、遺体がバラバラに捨てられる事件が起きます。この時、大村はその現場の状況を手紙に記しているのですが、それが実に淡々としている。長州人の手紙には、「断腸の思い」とか「涕涙《ているい》す」とか、大げさで感情的な用語が多いのですが、大村にはそれがない。犯人がその後、どっちの方向に逃げて行ったのか推測できるような情報だけを伝えようとしている。こういう科学者的な頭脳をもった人間が、あの時期の長州藩軍略を一手に引き受け、のちには日本陸軍の生みの親になったわけです。
半藤　大村は私から見るとよくわからない人なんです。そういえば、司馬さんは『花《か》神《しん》』で大村をよく描いていましたね。

磯田　『花神』はいい作品です。先日、大村の家の襖《ふすま》の裏張りから発見された大村本人の文書を読む機会がありました。そこに書かれた戦略などの思考パターンは『花神』で司馬さんが書かれた大村像とほとんど変わらなかった。

半藤　司馬さん自身も科学者みたいなところがあったからねえ。緒方洪庵《おがたこうあん》のような理性的な人物が好きでした。

現代は戦国時代に入った

磯田　ここでリーダーの資質ということに触れたいのですが、重要なものに、一般の人には及びもつかない見通し力というものが挙げられると思うんです。将来起こりうる事態を、レーダーの如く捉えることができるのは、大事な資質だと思います。リーダーはレーダーなんです。そういう意味で、勝海舟や島津斉彬《なりあきら》もレーダーがあったと言えるし、坂本龍馬という人は、まさにそういう能力を持っていた人物ではなかったでしょうか。

半藤　確かに信長も家康も、そして頼朝もレーダーがあった。龍馬は暗殺されてしまったから、自分の身近な至近距離のことにはレーダーが働かなかったのかもしれないけど、日本の将来を見通すという、遠距離のレーダー力はありました。
リーダーの資質については、戦国時代の三河武士で、のちに禅僧となった鈴木正三《すずきしょうさん》という人がいて、将の将たるために必要な七つの条件を挙げています。
一つ、先見の明がある、
二つ、時代の流れが的確に読める、
三つ、人の心をつかむことが出来る、
四つ、気遣いが出来て人徳がある、
五つ、自己の属している共同体、組織全体について構想を持っている、
六つ、大所高所から全体が見渡せる力量を持っている、
七つ、上に立つにふさわしい言葉づかいと態度が保てる
毎日新聞でみつけたものですが、リーダーに必要なエッセンスがつまっています。
なぜ、戦国の話を持ってきたかというと、今の日本の危機を「幕末だ、維新だ」と騒ぐ人がいますが、私は、今の時代は戦国とみるべきと思っているんです。戦国というのは将軍の権威がまったく地に落ちて、体制はグズグズし、何も決まらない時代です。それに、血筋による身分の固定もなくなった。そして、ここが大事なのですが精神を拘束するイデ

オロギーがない。はじめに磯田さんがいわれた「切り捨て力」が有効である。チャンスだと思えばじゃんじゃん手を挙げるやつが出てきた時代です。これはまさに平成日本と同じです。

磯田　曲がりなりにも鎌倉期には、ある種の固定された秩序が存在していました。それが壊れたのが、室町、戦国期ですね。農民の名前にそれはよく表れていて、○○右衛門なんていう武士のような名前を名乗り始める。それから、月代《さかやき》を剃りますね。これは、いつでも兜をかぶれるという、武士の象徴です。そして、農民が刀で武装し始める。

半藤　それに比べて幕末というのは、幕藩体制があって、社会秩序はしっかりしているんです。本当に改革、革命を起こそうと思ったら、下級武士たちは殿さまを倒さなきゃいけない。改革のためには死を覚悟した強烈な志が必要です。しかし、幕末の武士たちは、お行儀がいいから、一人二人をのぞいて、それはしていません。戦国は、明智光秀みたいに謀反でも起こして取って代わるなんて平気ですよ。武士は二君に仕えてもへっちゃらです。

もう一つ大事なのは、天皇の存在。幕末維新では、薩長の人間が天皇の威光を最大限に利用しました。ところが、戦国には天皇はいたけれど、幕末のような威光はなかった。そう考えると今の時代は、戦国時代そのものです。権威もなければ、体制はグラグラ。そこで手を挙げた大阪の橋下徹さんなんて、典型的な戦国型の人間ですよ。

磯田　橋下さんは龍馬ではありません。缶詰のラベルは「龍馬」って書いてあっても、中身は「戦国武将」そのものです。実は橋下さんの思考様式が気になってテレビに出始めたころの御著書からずっと読んでみたんです。

半藤　それは、すごいね。

磯田　いまは、本屋さんでも売ってない『図説　心理戦で絶対負けない交渉術』というものがありまして、これがなかなかに「えげつない」内容なんです。しかし橋下さんは人間の正体を見すえてもいる。他人が「私利」しか主張しない社会の中、法律の範囲内で、相手をねじ伏せて生き残る、そのテクニックが延々と書いてあって、読んで面白くもありました。こういう手荒なタイプのリーダーも求められるところに、国がたち至ったことの意味も考えるべきだと思いました。

半藤　これは大事なところだね。戦国時代に日本が回帰している証拠ですよ。

磯田　彼は交渉で、相手を動かす方法として三つ挙げています。「合法的に脅す」「利益を与える」「ひたすらお願いする」。こういうタイプの人間をリーダーとして多くの人が自然と選ぶようになってきた。橋下さんが良いか悪いかは別にして、戦国のような時代に入ったんだな、と思うに至った一冊でした。

半藤　これからのリーダー論は、今の世の中が、複雑な利害関係を無視して力で割り切って答えをだすような戦国時代であることを前提にする必要がありますね。さらに、それぞれの時代には東型と西型のリーダーのどちらが選ばれてきたのかを踏まえながら、あるべき日本のリーダー像を考えていければいいですね。

磯田　私は、今が戦国時代であるからこそ、日本人がほしがっているものは、おそらく安心感ではないかと考えているのです。その意味で、安心を提供するというリーダーシップを考えなくてはならない気がしてきます。

半藤　西型社会の戦国は橋下さんのような大阪の人がかき回して、そのあとに東型社会である安定した江戸時代が来る、と。そうなれば千葉出身の野田佳彦総理、と思ったりしたが、ダメですね（笑）。まだ戦国がつづきます。お任せ民主主義の世がつづくのでしょう。ただ、多様な利害関係をうまく統治する頼朝や家康のような人物の登場に期待する価値はあるかもしれませんね。人気が少しくらいなくても。

日本人の不思議な起源

×

篠田謙一
斎藤成也

本土日本人の遺伝子を解析すると
縄文系が1〜2割、弥生系が8〜9割?
DNA最新研究が解明した新しい人類史

しのだ・けんいち(左) 1955 年生まれ。分子人類学者。古人骨の DNA 解析により日本人の起源などを研究。鼎談時は国立科学博物館・人類史研究グループ長、2021 年から同館長。『DNA で語る　日本人起源論』ほか著書多数。

さいとう・なるや(右) 1957 年生まれ。遺伝学者。鼎談時は国立遺伝学研究所教授。現在、特任教授。ヒトのゲノム進化をコンピュータ解析とゲノム配列の両面から研究。『核 DNA 解析でたどる　日本人の源流』ほか著書多数。

DNA分析が研究を変えた

磯田　日本人を考える上での古くて新しいテーマとして、「日本人はどこから来たのか」というものがあります。今はさすがに、「日本人は単一民族だ」という人は少なくなりましたが、ではいつどのようにして我々は日本人になったのかといえば、実は長年、ハッキリしませんでした。

そうした中で二〇一二年の十一月、斎藤先生らがアイヌ人、本土日本人、琉球人、韓国人、中国人の五集団、約五百人の遺伝子を分析した結果を発表されて話題となり、私も一考古学ファンとして注目していました。

とりわけ本土日本人と渡来人との間で遺伝子の活発な交流があり、大雑把にいえば「本土日本人は、縄文人の遺伝子を持つ人が二～三割、それに対して弥生人は七～八割くらい」という部分は、センセーショナルに紹介されましたね。(1)

斎藤　あれはちょっと記者の方にハメられた（笑）というといささか語弊がありますが、論文では比率までは言及しませんでした。でも「強いていえばどのくらいの比率か」と聞かれて、あくまで私の感覚として「縄文が二割から三割くらいですかねえ」と言ったら、それが大きく取り上げられてしまったんです。

篠田　いろんな仮定が入るので、我々人類学者でも数字でズバリ出すのは難しいですよね。ただ、私の印象でもだいたいそれぐらいだと思います。

磯田　日本人は、旧石器時代に東南アジアから移り住んだ縄文人と、その後、大陸から移り住んだ渡来人、つまり弥生人から成るという「二重構造説」を唱えたのは、人類学者の故・埴原和郎《はにはらかずろう》さん（東京大学名誉教授）ですよね。その埴原さんが古代人の骨を分析してシミュレーションした結果は、だいたい「縄文一五％前後」という数字でしたから、それと比べると、最新の研究では、縄文人の割合が実は多かったことになりますね。

かつては骨や歯などの形態人類学的なアプローチしかできなかったものが、最近では、DNA分析など最新の研究技術が登場してきたことで、新たなことがどんどんわかってきた。具体的には技術的に何ができるようになってきたのでしょうか。

篠田　まず一九七〇年代の終わりから、DNAの配列が少しずつ読めるようになりました。八一年にはヒトのミトコンドリアDNAの全配列が判明します。ミトコンドリアとは、ヒトの細胞に含まれる細胞小器官で、構造が比較的簡単だったため、解明が進んだわけです。このミトコンドリアDNAは母親からしか遺伝しない。つまりある人のミトコンドリ

ＡＤＮＡを分析すると、その人の母系をすべてたどることができるわけです[2]。

斎藤　その技術を考古学に活用することを考えたのが、国立遺伝学研究所にいた故・宝《ほう》来聰《らいさとし》博士でした。宝来さんは、埼玉県の縄文遺跡から出土した縄文人の頭骨から、ミトコンドリアＤＮＡの抽出に世界で初めて成功しました。ここから日本における古代人のＤＮＡ研究が始まりました。

磯田　そこがターニングポイントになったんですね。

すべてのルーツはアフリカ

篠田　一九九七年には、ネアンデルタール人のミトコンドリアＤＮＡの一部配列までわかるようになり、それがひとつの到達点といえます[3]。

一方で、二〇〇〇年代に入ると、Ｙ染色体の分析も可能になる。このＹ染色体には、父系、父から息子へのみ引き継がれるという特徴があります。Ｙ遺伝子にはいくつかタイプがあって、我々はそれを「ハプロタイプ」と呼んでいます。一般の方にはまあ血液型みたいなものと考えていただければ、ほぼ間違いがないんですが、このハプロタイプには北方起源のもの、南方起源のものなどさまざまな起源があることがわかってきました。どのハプロタイプをどのくらいの割合持っているかによって、その人の起源がおおよそ推定できるようになってきたのです。

磯田　そうした最新の研究成果を踏まえて、人類の起源については、何が新しくわかってきたんでしょうか。

篠田　ひとつには、現生人類つまりホモサピエンスがアフリカから出てきたということが、ほぼ確定的になりました。誕生の時期も、人類史を七百万年とすると、比較的新しい時代、最後の十五万年から二十万年ぐらいであったろうとわかってきた。

つまり日本人だろうと、ヨーロッパ人だろうとアメリカ人であろうと、ルーツはみんなアフリカなわけです。

磯田　よく聖書になぞらえて「出アフリカ」という言い方がされて、その集団の数についても議論があるようですが、それほど多い数ではなかったようですね。

斎藤　ええ。私の所属する総合研究大学院大学の学長（当時）で集団遺伝学者の高畑尚之さんの推定では、約一万人とされています。

篠田　ですから、結局、日本列島の人々の集団の成立とは、アフリカから出てきた人間が、どの時期に、どういう経路でここに入ってきて、どういう集団と接触して、最終的に今の状態になったのかという大きなシナリオの最終パートの話なのです。東アジアの集団がどうやって成立したか、というシナリオの一部が、日本列島人の成立になるんだろうと思います。

磯田　我々はつい「日本人のルーツ」という言い方をしてしまいがちですけれど、ルーツにも色々あってアイヌの人や沖縄の人たちと、日本本土に住む人のルーツは多少異なるわけですね。日本列島に住む日本人はやはり「日本列島人」ということにしましょう。二〇一二年十一月に発表された斎藤先生らの研究によると、遺伝的にはアイヌの人は沖縄の人たちと近いということでした。

斎藤　あれは、総合研究大学院大学の大学院生が中心になって進めたんです。その結果、北海道と沖縄では、縄文系の子孫が多く残っていることがわかってきましたので、本土列島と比べると、渡来系弥生人との混血が進まなかったと考えられます。(4)

磯田　DNA研究の進んだこの十年ほどの考古学関連の論文を読んでいると、一貫しているのは、列島人においては世界的にみても、非常に遺伝子の多様性があるという点ですよね。

篠田　ミトコンドリアDNAの分析から、日本人にはアジアにある二十以上の系統が存在していることがわかってきました。ヨーロッパは、せいぜい十系統くらいしかなく、日本人の多様性が大きいことがわかります。

斎藤　中国、アメリカ、イギリスの研究所が共同でやっている「一〇〇〇人ゲノム」計画というのがあって、異なる民族グループ千人のDNAを分析しているんです。先日、その計画に関わっている中国人に、「日本人のDNAは多様性がある。なぜだ」と聞かれて、「それは縄文人の要素が入っているから当然だ」と言ってやりました（笑）。縄文人のDNAが残っていることが、日本人の大きな特徴です。

磯田　縄文人の特徴は、眉間が突出し、鼻のつけ根が深くへこみ、鼻が高いこと。眼窩は四角ばっているそうです。いわゆる「彫の深い顔立ち」ですね。彼らの遺伝子は、日本以外では見つかってないんですか？

篠田　現代人についていえば、そうですね。[5] Y遺伝子のDというタイプを持つ人は、列島人には三割ほどいるのですが、これは日本以外ではほとんど出てこないのです。だから、このタイプを持つ人は恐らく縄文人からのY遺伝子を受け継いでいるのだと考えられています。チベットあたりには、似たタイプのものが見つかっていますが、日本のものとは、ずいぶん前に分岐したもので、同じとは言えないですね。

四つの移住ルート

磯田　縄文人も大陸から渡ってきた人たちですね。日本と朝鮮半島が最も近くなったのは、地球が寒冷化した約二万年前（旧石器時代）、当時の海面は現在よりも百二十〜百三十メートル下がっていたとされています。だとすると、対馬《つしま》海峡の最深部が百三十五メートルですから、これはもう……。

斎藤　ほとんど、ピョンと飛び越えていける距離ですね。

篠田　信濃川くらいの幅だったのではないかという研究もあります。

磯田　だとするとお互い確実に見えていただろうし、小舟で渡れる距離ですよね。九州で見つかった約二万九千年前のものとされる剝片尖頭器というナイフ型の石器と同じものが、朝鮮半島でも見つかっていることからもわかるように、旧石器時代からお互い行き来していたことは間違いありません。

旧石器時代にどのような人類が日本列島にいたのかはわかっていませんが、その後、約一万五千年前から弥生時代の始まる三千年前までにかけて、土器を使う縄文人が海を渡って日本列島に辿りつきます。これは後の時代の弥生人の渡来もほぼ同じですが、大まかにいって、彼らの日本列島への移住ルートは四つぐらいあると考えられていますね。

斎藤　そうです。まず朝鮮半島経由がメインルートでしょう。もっとも北のルートは、カムチャッカ半島から千島列島を渡って入ってくるものです。

磯田　加えて樺太から、縄文時代の直前まで繋がっていた宗谷海峡を渡ってくるルートと、先島から沖縄を渡ってくる海上ルートもあったと考えられています。

斎藤　柳田國男さんの提唱した「海上の道」ですね。来やすいという意味ではその四つでしょうね。

最新の研究では、日本から朝鮮半島へ「戻った」縄文人がいた可能性も出ています。例えば、先日の日本人類学会では「韓国人に縄文的な要素が入っている可能性がある」という発表がありました。考古学的にも朝鮮半島南部の土器が、縄文土器の影響を受けているのは明らかですから、ありえない話ではない。

篠田　まあ、どちらが影響を与えたかは時代的にも特定は難しいのですが、朝鮮半島の南部まで含めて一つのグループだったと考える方が自然かもしれません(6)。

日本の場合、約三千年前から、縄文人とは遺伝子の特徴が異なる弥生人が朝鮮半島ルートを通って大量に渡ってきます。彼らの特徴は、面長で鼻が低く、眼窩は丸く、縄文人に

比べて歯が大きかった。(7)

弥生人たちは、次第に人口を増やして日本列島で最大勢力を誇るようになる。考古学的にみると、縄文文化は徐々に姿を消し、弥生文化が日本列島を覆っていくことになります。

磯田　縄文人のピーク時の人口は最近では、約二十六万人と言われていて、それが気候寒冷化や疫病など諸説ありますが、縄文晩期には約八万人まで減っていたとされていますよね。対して弥生人の人口は一説によると約六十万人。僕の考えでは、対縄文人比でいって、この数字はそれほど多くない。むしろ少ないくらいですよね。

少なくとも人口のボリュームからすると、従来言われていたような、弥生人が縄文人を駆逐したというストーリーは、ちょっと違うのかなと感じます。

斎藤　もし縄文人が力ずくで制圧されていたら、日本語はもっと大陸の言語と近かったはずですよ。例えば日本語と韓国語にもっと共通点があるはずですが、実際にはほとんどない。恐らく縄文文化は言語も含めて、弥生人にうまく取り入れられたのでしょう。

磯田　北部九州、博多の近辺や佐賀の平坦部からは、渡来系の人骨が出るけれど、北西の長崎などでは、逆に縄文系の人骨がよく出ます。ＤＮＡをとればよりはっきりすると思いますが、(8) 北部九州においては、縄文と弥生の同居時代が長期間継続していたというのが、考古学や我々、歴史学者の認識ですね。

斎藤　一九三〇年以降、三百体を超える弥生人の人骨が見つかったので有名な山口県の土井ヶ浜遺跡も、僕は山陰土着の縄文人と渡来系弥生人の混血だと思います。

篠田　土井ヶ浜は渡来系弥生人の大きな集落ですが、形質的には福岡平野の渡来系集落の人骨とは、やや異なっていると報告されています。いずれにしろ、日本人の起源を考えるときに、縄文人＝採集狩猟民族、弥生人＝農耕民族として、前者を後者が駆逐したという対立構図で捉えるのは間違いであることがわかってきました。

混血はいつまで続いたか

磯田　また縄文と弥生で採集狩猟と農耕がくっきりと分かれていたわけではなかったと思います。弥生時代の農耕技術を復元してみたら、弥生の前期・中期までは、稲作だけではとても食べていけるようなレベルではなかった。ようやく晩期に技術向上があって安定的食糧のポケットを持てたから、人口増加率が上がったわけです。

一方で、混血が進む過程で、三世紀半ば、古墳時代のちょっと前くらいには、日本人のＤＮＡもかなり平準化が進んだのではないかと私は見ています。古墳時代の頭骨の特徴をみると、「古墳列島人」とでもいうべき顔が出来あがってくるそうですね。この頃に、後世の日本人の形質が定まっている印象を持ちますが。

篠田 それは断言しきれないところがありますね。古墳から出土した人骨はだいたい近畿近辺のものですが、その骨からシミュレートした姿形が、その当時の列島人全体を表しているかどうかは慎重に判断すべきです。つまり古墳に入っている人は支配階級ですから、一般の庶民とは異なっている可能性もある。(9)

磯田 なるほど。ただ弥生時代は縄文人の数も少なかったから、渡来人のインパクトが大きかったわけですが、絶対数でいえば、古墳時代以降に渡ってきた渡来人の方が多いはずです。というのも紀元四〇〇年の少し前ぐらいから、日本は朝鮮半島で盛んに暴れまわっていますから。

斎藤 『日本書紀』にそう書いてありますね。

磯田 ところが四七五年に日本の影響下にあった百済の首都・漢城が高句麗に侵略され、六六三年に白村江の戦いで日本が敗れると、百済からボートピープルのように大量に人が日本に流入してきたはずです。ひとつの国が無くなったわけですから、これは相当な数だったろうと推測できます。

少なくともその頃の文献上では、日朝の国際児を表す「韓子《からこ》」という表現を確認できるようになります。私は岡山の生まれですが、古代の岡山は吉備国《きびのくに》です。『日本書紀』継体天皇二十四（西暦五三〇）年に、「吉備韓子那多利《なたり》・斯布利《しふり》」という朝鮮半島の任那《みまな》人と吉備人の間に生まれた子が出てきます。

斎藤　それは面白いですね。混血が続いていたということでしょう。

磯田　白村江の戦いから平安中期の九〇〇年にかけては、「防人」のいた時代ですから、流入はやや低調になる。一方で、九〇〇年代から鎌倉時代の初めにかけては日宋貿易などで、北九州の博多あたりに、大量の中国商人がやってきて、一大チャイナタウンを形成します。宗像大社《むなかたたいしゃ》の神主の系図を見たことがありますが、数代続けて中国人の女性を妻に迎えている。また江戸時代の武士の家系を調べてみると、どうも一％ぐらいは中国・朝鮮系の祖先を持っている。朝鮮出兵した時にお医者さんを連れて来たり、学者を連れてきたりした。その子孫ですね。

斎藤　へえ、そうなんですか！

磯田　つまり、福岡あたりは中世になってからも中国人のＤＮＡが入ってきているから、今、現代列島人のＤＮＡで弥生古墳時代の渡来人の影響と思われているうちの何％かは、実は中世以降に入ってきたものだという可能性もあると思います。

篠田　その可能性はあるでしょう。やはり現代のような厳格なイミグレーションのある時代とは違うわけですから、緩やかな人の行き来があったと考えたほうが妥当と思います。

斎藤　遺伝子のハプロタイプのパターンを見れば、ちゃんとその事実を証明できる可能性があります。韓国の研究者のデータによると、済州島の人のDNAは、日本列島人とほとんど同じです。あそこは倭寇の根城でしたから、そういうことも関係あるのかもしれませんね。

日本に征服者は来なかった

磯田　ところで、私が不思議に思うのは、なぜ日本という島はこんなに平等に男の人がY染色体を残せているのかということなんです。

篠田　そう、それはちょっと不思議なんです。

磯田　つまり、日本ではチンギス・ハーンの集団と違って圧倒的な権力者が強制的に征服地を自分の遺伝子で埋め尽くすというようなことがない。それぞれのオスに持ち場が与えられて、結果的にY染色体の多様性を生む環境があったのではないか。

斎藤　僕は、渡来人として日本にやってきた人たちは、ある意味、彼の地では〝負け犬〟だったのだろうと想像しているんです。大陸での競争に敗れ、いわば東ユーラシアの吹き溜まりである日本列島に流れてきた。だから征服者にはなりえなかったのではないかと。

篠田　私も恐らく征服者として入ってきた勢力はいなかったと思います。一気に大量に来たというよりも長い時間をかけて少しずつ入ってきた。進んだ文明を持って入ってきた人たちも手荒な真似をしなかったのは確かでしょうね。

斎藤　だからそういう意味で一時流行した「騎馬民族起源説」なんてまったくありえません。征服王朝が来ていたら、俺たちのやり方に従えとなる。ただ一部には、騎馬民族の文化的な影響があったことは否定できないですけどね。

磯田　騎馬民族は先住民族を圧倒しますものね。例えば、チンギス・ハーン系のY染色体を持つ人が世界中に千六百万人いるという有名な研究がありますよね。

斎藤　あれは、本当にチンギス・ハーンのものかは怪しいようです。チンギス・ハーンの方が話は面白いのですが、あのY染色体の持ち主は、もっと古い時代の騎馬民族のリーダーではないかと言われています。いずれにしろその征服者のY遺伝子が均質に相当数残っているのは確かです。

磯田　征服者のY染色体ということでいえば、南米の人たちのＤＮＡを分析すると、スペインとか西ユーラシア由来のものがほとんどだそうですね。

篠田　地域で異なりますが、メキシコなどは九割を超える。先住民の男のほとんどが殺されたわけではないでしょうが、二世代、三世代をかけて、征服者の遺伝子が浸透しやすい状況になったということでしょう。

磯田　面白いのは、日本も四百年前、大航海時代の洗礼を受けているはずなのに、遺伝子的にはほとんど影響を受けてない。世界中で西ユーラシア人由来のY染色体の比率を比較すれば、各地域の植民地化に対する「バリアの強さ」がわかりますね。

一方で日本列島人のＤＮＡの多様性が確保された背景には、日本における一種の純血主義、狭い範囲で結婚することを尊ぶというある種の信仰もあるのかもしれません。だから天皇家に限らず、庶民でもいとこ婚が多かった。内婚を繰り返すことで、結果的に多様性を保持してきた可能性があります。

篠田　なるほど、閉じていたからこそ、多様性が残ったとも言えるわけですか。面白いですね。

邪馬台国の謎を解く

磯田　ここからは、理系の研究者が開発したDNA分析という鋭いメスを、日本の歴史研究に応用するとどうなるかという話をしたいんです。

例えば、邪馬台国の謎もDNA分析というメスを使えば、結構解明できるのではないか。一例を挙げれば、邪馬台国時代の墳丘墓から溶けていない骨が珍しく出てDNAが抽出できれば、それが日本の、あるいは大陸のどの地域の人と共通性が高いかということは調べられますよね。

斎藤　技術的には可能です。個人的には、奈良県の纒向《まきむく》遺跡が邪馬台国だったろうと推測しています。『古事記』を素直に読めば、神武天皇は九州から東征して河内国に入ったものの、地元の豪族に敗れ、仕方なく和歌山の那智から再上陸して豪族を倒し、葛城《かづらき》に都を定めたことがわかる。それでも当時は纒向で繁栄していた邪馬台国には頭が上がらず、国の一部に〝間借り〟した感じだったはずです。だから卑弥呼のことは正史では曖昧にしか触れられていないと見ています。

磯田　例えば邪馬台国とされる遺跡から、男性のY染色体がとれれば、少なくともどの地域にゆかりのある政権だったかはわかるはずですよね。
纒向遺跡などの考古学的調査結果は、多様な地域とつながりがあるシャーマニズムの祭祀面では吉備国（現在の岡山県）のそれと共通点がある。実際にその後も大和の王権、大王（天皇）家は吉備国から多く妃を迎えています。大和盆地では、葛城氏から后妃がよく来ます。

篠田　面白いですね。ローカルな政権であれば、そのなかで婚姻を行なっている可能性が高いので、遺伝子の変異の幅は小さくなります。逆に各地からいろんな人たちが集まって構成された大都市的な政権であれば、遺伝子もバラバラになる。例えば畿内の遺跡から出た遺伝子がバラバラで、北九州の遺跡から出た遺伝子が均質性が高いということになれば、それぞれの支配圏は推定できますね(10)。

磯田　歴史研究者は文系の人間ばかりですので、こういう発想はあまりしないのですが私はDNA分析によってわかることがいっぱいあると思っているのです。
その意味で私が気になっているのは、日本の場合、とくに支配層においては、身分内でDNAが保持されやすい階層内結婚が非常に発達した社会だということ。女系はこの規則がやや緩いにしても。個人的には、そこにメスを入れたら面白いだろうと思うんです。

日本の支配層は、実は勢力としてはすごく薄くて、幕末段階で堂上公家（昇殿を許された公家）は百四十足らず。大名家の二百八十を合わせても四百二十家しかない。この四百二十家の人々の顔写真をみると、あまりによく似ているんですね。

斎藤 あ、そうなんですか。

磯田 内婚を続けた結果だと思うのですが、僕が調べたところでは、当時の武士社会では、禄高差が二倍を超えると結婚しなくなる。つまり百石の武士であれば、五十石から二百石の家の娘と結婚するわけです。側室からの出生は一割もない。そうすると、上の家柄になればなるほど、そもそも相手の候補が少なくなって、内婚を繰り返さざるをえなくなる。それを三百年間繰り返したわけですから、遺伝子が保留されたまま何世代も回っている可能性があります。

例えば、近世の大名の多くは三河とその周辺から出ていて、いちばんの中心は安城松平家、つまり後に徳川家康が生まれた家系です。想像するに、そのY染色体が武家の上層部で相当な広がりを持っている姿が浮かんできます。これなんかＤＮＡで解明できるのではないかと。

斎藤 Ｙ遺伝子は、そのあたりまでバチッと分かりますから、大名のルーツはこの人だと辿りつけるかもしれません。

磯田　徳川発祥の地とされるのは実は北関東、群馬県の新田《にった》あたりで、そこから三河に放浪して来た徳阿弥という時宗僧が松平郷（現在の愛知県豊田市付近）を制圧して、その子孫たちがものすごい数の子どもを産ませるわけです。いわゆるαオス（自分のY染色体を最も多く残すことに成功した優位雄）ですね。

もし北関東の新田あたりで、三河の松平家の人たちのＤＮＡと一致するものが見つかれば、「徳川発祥の地」伝説が実証されることになりますよね。

「揺らぐ」日本人

篠田　私はミトコンドリアを使って、徳川の正室・側室合わせて二十五人くらいのＤＮＡを分析したことがあります。するとミトコンドリアＤＮＡはほとんど現代日本人と同じパターンであることがわかりました。

磯田　変わっていないんですね。

篠田　そう。そのとき一番驚いたのは実は遺伝子ではなく骨格のほうでした。側室の骨格はとにかく頑丈にできているんですよ。

斎藤　骨がですか？
篠田　骨がものすごく立派。そんなになよなよした人はいない。
斎藤　でも美人なんでしょう？
篠田　いや、それがそういう基準で選ばれていないようです。明らかに身体の丈夫さや健康にプライオリティが置かれている。一方で正室の方は、顎も細いし、身体のつくりも華奢《きゃしゃ》でした。
磯田　それは面白いですね。徳川家で、養子以外で将軍の正室の子どもが将軍になった例は家光だけです。丈夫な側室にどんどん子どもを産ませる——それが徳川家永続の戦略だったんですね。
篠田　だから実際の大奥はテレビやドラマのイメージとは、きっと違っただろうと思います。
斎藤　僕がいま期待しているのは、日本人の遺伝子が世界にどれくらい残っているかという研究ですね。スペイン南西部の都市コリア・デル・リオにハポン（スペイン語で日本の意）という姓の人が大勢いて、彼らは支倉常長の慶長遣欧使節団の末裔だと言われているんですね。

磯田　約四百年前ですね。

斎藤　これは実際に、名古屋大学の山本敏充先生がこれから調べます。手法としては、彼らのＹ染色体を調べて日本人特有のハプロタイプを持っているかどうかを見て、次に核ＤＮＡを調べて、それが四百年前に由来するものかを見るわけです。

僕自身がやりたいのは、室町から江戸初期まで東南アジアの各地に存在した日本人町の子孫の研究です。

磯田　ああ、アユタヤに山田長政の子孫がいるかもしれない。

斎藤　そうなんです。あれも時代的には四百年ぐらい前ですから、ゲノムを全部調べれば、日本人由来のハプロタイプを推定できるでしょう。

磯田　文献で地域を絞れば、より確実にできますよね。

篠田　私が最近感じているのは「日本人とは何か」という定義が揺らぎ始めているということです。日本は海に囲まれていますから、歴史を論じる時も周辺地域から切り離して考えてきましたし、民族的にも単一だと信じられてきましたけれど、実際には、文化的にも民族的にも、周辺地域と深く交流しながら、今に至っているんですね。

磯田　日本人のルーツは想像以上に複雑であることはよくわかりました。

篠田　そういう目で見れば、今の時代のグローバリゼーションという名の経済拡散は人類史における最初の初期拡散、農耕民の拡散に匹敵するほど、大きな変化だと思います。これから日本人は再び大きく変わっていくのではないでしょうか。

斎藤　いまは国際結婚が三〜四％ですからね。文化的なまとまりとしての日本人はともかく、遺伝子としてのまとまりの日本人はいつか消えていくと思います。こういうと怒る人がいるでしょうけれど（笑）。

磯田　日本という国は、もともと遺伝子的にも文化的にも多様性を積極的に受け入れ、それを活力にしてきた社会ですね。その意味でグローバリゼーションは、実は日本人がもっとも得意とすることだと私は思います。

註（鼎談後十年あまりの研究進展を踏まえた新知見）

（1）その後、縄文人の核ゲノムが解析されたことで、縄文人由来一～二割、渡来人八～九割で確定している。

（2）現在では、古人骨の全ゲノム配列も読めるようになっている。その業績でスバンテ・ペーボ教授（ドイツ・マックスプランク進化人類学研究所）が二〇二二年のノーベル生理学・医学賞を受賞した（授賞理由は「絶滅したヒト族のゲノムと人類の進化に関する発見」）。

（3）二〇一四年にひとり分のネアンデルタール人の核ゲノムが完全に読まれている。

（4）縄文系は、アイヌで七割、沖縄で三割程度と判明している。

（5）この点（現代人では、縄文人の遺伝子は日本以外では見つかっていないこと）については、東アジア大陸の沿岸部の集団にはごく僅かであるが、縄文人と同じ遺伝子があることも判明している。

（6）韓国の新石器時代人で、縄文人と遺伝子が九〇％同じ人物が見つかっている。

（7）核ＤＮＡの研究で、渡来人にも縄文の遺伝子が入っていた可能性があることが指摘されている。

（8）その後の核ＤＮＡ分析を行なった研究により、北部九州で縄文と弥生の同居期間が長期にわたっていたことがより明確になってきている。

（9）南九州では古墳時代でも縄文人といってよいゲノムを持つ人がいることが分かっている。

（10）鳥取県の渡来系の弥生遺跡、青谷《あおや》上寺地《かみじち》遺跡の弥生集団では、現代日本人と同じくらい遺伝的変異が大きいことが分かっている。

【本鼎談再掲載に際して】

本鼎談が行なわれたのは二〇一三年だったが、古代人のゲノム解析については、この時期以降に革命的とも言える研究の進展があった。

鼎談の中では主として古代人のミトコンドリアDNAの分析結果から得られた知見について語られているが、その後、膨大な情報を持つ核ゲノムの解析が可能になったことで、日本人の成り立ちについても従来説を覆す発見が続いている。特に鼎談者の斎藤成也氏が二〇一八年から五年間にわたって実施した大型の科学研究費によるプロジェクトでは大きな成果があった。

縄文人ゲノムが完全に解読されたことで、彼らと私たちとの関係についても、より詳細に語ることができるようになったし、弥生時代の渡来人の源郷、その規模、そして在来集団との混合の様子についても二重構造説のような単純な説明では不十分なことが分かってきた。それらの幾つかについては（註）の形で本文中にも反映させたが、アップデートされた日本人の成り立ちについては、最新の書物などを参照することをお勧めする。

（篠田謙一）

信長はなぜ
時代を変えられたのか？

×

堺屋太一
小和田哲男
本郷和人

「目に見えるもの」だけを信じた合理主義者、
競争原理主義だが敗者復活も認める——
日本史上稀有なリーダーの正体に迫る！

さかいや・たいち（左） 1935年生まれ。通産省退官後、作家として活躍。経済企画庁長官、IT担当大臣を歴任。『団塊の世代』、『峠の群像』ほか著書多数。2019年逝去。

おわだ・てつお（中） 1944年生まれ。静岡大学名誉教授。歴代大河ドラマ等の時代考証を手掛けるなど、戦国史研究の第一人者。『家訓で読む戦国』ほか著書多数。

ほんごう・かずと（右） 1960年生まれ。東京大学史料編纂所教授。専門は日本中世史。『天皇はなぜ万世一系なのか』、『承久の乱』、『黒幕の日本史』ほか著書多数。

大転換期に出現した天才政治家

堺屋　この数十年間、日本の政財界で最も多く唱えられてきた言葉は「改革」でしょう。選挙制度改革、行財政改革にはじまり、構造改革、郵政改革、教育改革、年金改革と、まさに「改革」が絶え間なく叫ばれてきました。ところが、その多くが、掛け声だけで中身が伴わなかったり、中途半端に終わったりと、なかなかうまくいきません。

磯田　なぜなのでしょうか。

堺屋　私は、日本の歴史を振り返ったとき、二種類の改革があるのではないかと考えています。ひとつは、江戸時代の享保の改革のように、社会の変化に対して、支配体制を維持し、守るための改革です。だから、のちの寛政、天保の改革となると、社会の変化を無理に抑えつけるばかりで結局は失敗に終わった。現在の改革も、ことに官僚たちが介入すると、そのほとんどが、この現状維持のための改革になってしまう。

もうひとつが、古い体制を完全に破壊し、まったく新しい社会を生み出す改革なのですが、これは日本の歴史上、数えるほどしかありません。日本古来の神への信仰と、外来の仏教とを共存させる離れ業をやってのけた聖徳太子、武家政権というまったく新しい政治体制をつくった源頼朝、そして織田信長です。あとは外圧利用の集団改革ともいうべき明治維新でしょう。なかでも、最も時代を先取りし、組織、経済から文化に至るまで、日本全体を引っくり返すような改革を行なおうとしたのが織田信長なのです。

本郷　私は日本中世史を研究している者ですが、たしかに信長ほど時代の空気を体現し得た人物は見当たりません。自らの実力だけを頼りに、過去の権威を否定した戦国大名のなかでも、信長だけがまったく異質の発想で、次の時代を切り開いていった。これは後で詳しく論じたいと思いますが、日本全国を均一に統治する、すなわち「天下統一」という概念自体、信長が作り出したものと言っても良いのかもしれません。

小和田　現代の日本でも、織田信長は世代を問わず、ずばぬけた人気がありますね。特に今のように社会の閉塞感が強まると、何かを変えないといけない、という意識もあってか、信長人気が高まってくる。

磯田　小泉純一郎元首相や小沢一郎民主党代表なども「尊敬する歴史上の人物」として、第一に信長の名を挙げています。「改革者」のイメージを自らと重ね合わせようという狙いもあるのでしょう。

特に小泉さんは大学三年のとき「死のうは一定《いちじょう》！」なる作文を書いていて、信長が好んだ幸若舞・敦盛の一節「人間五十年下天の内をくらぶれば夢幻のごとくなり」を引き、「相手を倒さなければ自分が殺される戦国時代の武将に、私は強く魅《ひ》かれる。……私は自分の志す仕事が達成された後ならすぐ死んでもいいと思っている」と強い傾倒を記しています。学生時代から信長に異様なまでの興味を持っていた。「自民党をぶっ壊す」と唱えた小泉さんは、自身を信長になぞらえていたフシもあります。

堺屋　ところが、実際には小泉さんは「改革」のイメージだけをうまく利用して、本質的には何も変えなかった。これでは、「改革」という言葉の値打ちが下落するばかりでしょう。

今の日本は、「改革」という言葉だけが飛び交いながらも、実際には何も変わらないという閉塞感に包まれています。その意味で、今こそ、「天下統一」というヴィジョンを高らかに掲げ、時計の針を一挙に進めた織田信長の施策や考え方から、私たちが学ぶべきことは尽きないと思うのです。

戦国時代は高度成長期

磯田　では、信長は既存の秩序や権威の何を否定し、何を変えたのか。信長が出現する以前、戦国時代の日本がどんな状況にあったのか、簡単に整理しておきましょう。

室町時代、社会の一番基本的な単位は何だったかといえば、「一揆」や「惣」と呼ばれる農村の武装した共同体でした。室町幕府は、もともと地域を支配する守護大名たちの上に乗っかっただけの不安定な支配体制で、中央としての強いリーダーシップがありませんでした。そこで、農民たちはそれぞれの地域で自分たちで集まって互いに利害関係を調整する仕組みを形成し始めます。それが「惣」「一揆」で、日本人論でよく議論される「ムラ社会」の原型といってもいいでしょう。多少納得いかないことがあっても、和を重んじ、〝世間〟に従う日本人は、こうしたシステムから生まれたものです。

本郷　こうした農村共同体を、幕府の「権威」によってかろうじて束ねていたのですが、一四六七年に始まる応仁の乱をきっかけに、その幕府が決定的に力を失う。すると、中央に頼れなくなった農村共同体が自立し、自ら武装して、治安を維持するようになります。権力もそれに立脚して機能するようになる。

小和田　これが戦国大名のはじまりですね。農村共同体を支配する一族が、地主として武装し、ひとつの軍事集団を形成する。それらがいくつか集まった中で、一番の実力者が、領国経営、領土拡張へと乗り出していく。

こうした戦国大名は、自前で治安維持のための武力を持ち、徴税システムを作り、今川義元が『今川仮名目録追加』という法を作ったように、領国支配のルールをも作っていきます。

堺屋　中央である室町幕府の統治が崩壊し、「下剋上」という名の実力主義による自由競争社会に移行していったわけですね。

一方、見逃してはならないのは、この戦国時代を経済的にみると、一種の高度成長期であったことです。これは信長の経済政策を見ていく上で、非常に重要な意味を持っている。試算によると、応仁の乱から関ヶ原までの百三十年ほどで、人口はおよそ二倍、国民総生産は約三倍に飛躍的に成長している。産業革命以前で、一世紀あまりの間にこれほどの伸びを示している例は、世界でも珍しいことです。

小和田　そうですね。これは、かなり意外な事実かもしれません。戦国時代といえば、戦乱によって疲弊した農村、飢餓に苦しむ農民たちというイメージが強い。もちろん、当時の農村は、戦乱のたびに家は焼かれ、田畑は荒らされるという厳しい状況に置かれていましたし、収穫の端境期である二月三月あたりには数多くの餓死者を出してもいます。しかし、その一方では室町後期から貨幣経済がかなり浸透しており、物品の流通も盛んになっていった。農業を離れ、商人になったり職人になったりして生計を立てていく人々も増えてくるなど、経済活動が活発化していった時代でもあったのです。

堺屋　もうひとつ、この戦国期の経済成長を支えたのが、技術革新ですね。まず鉄製農具が普及し、耕作方法も改善されたことで収穫量が爆発的に増えた。さらに治水、利水技術が進歩し、大型の灌漑工事も行なわれ、耕地面積も増大します。信長の育った木曾三川下流の輪中はその代表的な例です。鉱工業の発展にも目覚しいものがありました。毛利、織田、武田、上杉などの有力な戦国大名は、いずれも金銀山を開発し、貨幣の鋳造などから大きな利益を得ています。これが、信長が歴史の舞台に登場する少し前、十六世紀前半の日本経済の状況でした。

小和田　ええ。ところが、こうした経済社会の発展にもかかわらず、戦国大名の統治方法は、あくまでも農民支配に基礎を置いたもので、室町時代の守護大名などとほとんど変わりないところに問題がありました。

つまり、農民から徴収する税（年貢）を財政基盤とし、戦《いくさ》のときには農民を徴用して戦力とする。家臣たちにはそれぞれの領地を保障して従わせるという、中世的な支配のシステムをそのまま続けていたのです。

堺屋　すべての価値の根本に土地が据えられている「土地本位社会」といっていいでしょう。この価値基準から、ほとんどの戦国大名が抜け出せないでいた。今の日本に似ていますね。経済のあり方は変わっているのに、政や官が旧来型システムから変われない。その旧来型システムを完全に否定し、農村共同体に立脚しない組織を作り上げ、商業立国によって天下統一を目指したのが織田信長だったのです。

磯田　ちょっと信じられないような大変革ですね。信長はまさに命懸けで、「一揆」「惣」といった中世的な武装共同体を解体し、信長ひとりに服従する支配体制を作り上げていきます。今でもそうですが、良くも悪くも日本ではムラ社会的世間や既得権益層が強い。なぜ信長はそれを壊すことができたのか。まず、信長が目指した新しい組織を見ておく必要があると思います。

「日本一弱い軍隊」で天下を取る

堺屋　面白いのは、信長が農村共同体に立脚しない組織として作り上げたのが、「日本一弱い軍隊」だったことです。そして驚くべきことに、この「日本一弱い軍隊」こそが天下を征服できる、と信長は信じてやまなかったのです。

それを実証した最初の戦いが、織田家の家督相続をめぐる争いです。一五五一年、父の織田信秀が四十二歳で亡くなると、その三男・信長は織田家の家督を継ぐのですが、柴田勝家や佐久間信盛、林秀貞などといった織田家の重臣たちは、信長に叛旗を翻し、すぐ下の弟・信行を擁立します。

小和田　このとき、主だった家臣たちはほとんど信行側につくんですね。結局信長側についたのは、森可成《よしなり》や河尻秀隆などごく少数。信長の家臣だった太田牛一が書いた『信長公記《しんちょうこうき》』によれば、当初信行側に与《くみ》したのが数千人で、信長側についたのが七百人だったそうです。

堺屋　しかし信長は劣勢をものともせず、ごく少数の部下、そして銭で集めた流れ者の集団を率いて、信行陣営に戦を仕掛けていくのです。

ところが、銭で集めた流れ者の集団というのは、ものすごく弱いんですね。中世というのは、誰もが何らかの共同体に属している社会です。たとえば農民は農村共同体、僧侶は宗派に、商人は「座」という同業者組合にそれぞれ属している。信長が集めたのは、そうした共同体からはじき出されたような人々、いわばホームレスでした。当然、忠誠心は薄いし、戦闘意欲も低い。普段は無駄飯を食っていて、いざ戦争になると真っ先に逃げていってしまうのです。信長軍は戦闘に勝っても、人数がごっそり減る。それだけ逃亡兵が多かった。まさに「日本一弱い軍隊」です。

それに対し、信行側は、重臣たちが抱える農民兵が主力です。この農民兵は命懸けで戦い、非常に強かった。なぜなら、彼らは戦闘が終わって、村に帰る。そのとき、「お前が真っ先に逃げた。この村で一番の臆病者だ」と言われるのが怖いのです。共同体で相互に監視しているから、勇敢に戦うしかない。

磯田　これは太平洋戦争の時の日本兵のメンタリティと同じです。戦時中、米軍の情報将校をしていたドナルド・キーンが捕虜となった日本兵に訊問したとき、どうしても本名を言わない兵隊がいた。なぜかと訊ねたら、「村に帰って合わす顔がない」と言ったそうです。それだけ共同体への帰属意識が強かった。

堺屋　しかし、信長はこの日本一弱い軍隊で、強い農民兵に勝った。なぜかというと、農民兵は農繁期になると、みな故郷に帰ってしまう。田植えや稲刈りの間は戦争が出来ないのです。

それに対して、銭で雇った流れ者集団は弱いけれども、一年中いつでも戦争が出来る。信長が北尾張や美濃を攻めるときは、決まって農繁期でした。農繁期になって、敵方の砦《とりで》に留守番役の十名ほどしかいないときに、千人規模の部隊で攻めていけば、いかに兵が弱くても勝てる。稲刈りが終わって、農民兵がどっと現れるとかないっこありませんから、たちまち逃げ帰る。信長自身も、何度も負けて怪我をしています。しかし勝っても負けても、また銭で兵隊を集めて繰り返し攻めていく。そのうちに、農村共同体は嫌気がさしてくる。こうたびたび農繁期に攻められたのでは、収穫は減り、村が疲弊してしまう。それなら信長に味方したほうがましだ、という村落が出てきて、敵の陣営は次第に崩れていった。

つまり、いち早く兵農分離を実施し、独裁的に指揮できる常備軍を編制したわけです。

磯田　なるほど。選挙でいえば、従来の自民党支持層である農村票や各種団体の組織票を切り捨て、都会のビジネスマンなどの無党派層をあてにするようなものでしょうか。

堺屋　そうですね。また、忘れてはならないのは、信長は日本で初めて本格的な兵糧攻めを行なっていることです。兵糧攻めにあった犬山城主は「信長、卑怯なり」と言い残して死んでいきます。これまでの常識にない新機軸を最初に打ち出す者は、必ず旧勢力から「卑怯だ」「邪道だ」と非難を浴びるもの。これはいつの時代も同じです。

磯田　豊臣秀吉はのちに播磨の三木城や小田原城を落とし、兵糧攻めの名手として名を馳せることになるわけですが、それを仕込んだのも誰あろう信長でした。

小和田　こうした信長の組織戦略が成立した背景には、二つの条件があったと思います。ひとつは、人口の増加や農業の効率化などにより、余剰人員が急増していたこと。惣村や商業の座などの共同体が吸収し切れなかった人々が流れ者として存在していることを、信長は見抜いていた。

そして、もうひとつは彼らを雇い入れるための銭です。これは信長が当時の交易拠点だった津島湊（現在の愛知県津島市）など、貨幣経済の拠点を押さえていたからこそ可能だった。時代の新しい潮流を的確に見て取った上で組み立てた戦略だったといえるでしょう。信長の旗印は、当時流通していた貨幣「永楽通宝」、つまり永楽銭を図化したものです。貨幣経済、流通経済の力で国を作っていこうという意思のあらわれだと思います。

堺屋　当時の織田家の収入をみると、九割は農村からの年貢なんですが、これは家来たちに割り振っている。残りの一割が、商業地から上がってくる収入で、これで流れ者たちを雇っていたようです。

小和田　二つの意味で信長は非常に恵まれた環境に生まれたと考えています。ひとつは、本拠地である尾張が、非常に生産力の高い土地柄であったこと。もうひとつは、父・信秀の存在です。

まず、織田氏が支配していた尾張は、今でいう愛知県の西半分。非常に狭い印象がありますが、当時の石高は五十万石と全国でも一、二を争う肥沃な土地柄でした。加えて、東西の交通の要所でもあり、伊勢湾にも面している尾張は流通の集積地でもあったのです。

本郷 そういえば信秀は、一五四三年には朝廷になんと四千貫もの献金を行なっています。室町幕府の最盛期に臨時で税を集めたとき、三、四カ国を支配していたような守護大名でおよそ千貫。つまり、信秀は守護代よりさらに下位の身分でありながら、すでに複数の国を治める有力守護を軽く凌駕する財力を持っていたわけです。

興味深いのは織田家のルーツは、越前の織田町（現在の越前町織田）とされているのですが、この織田町は、越前焼の窯がいくつもある焼き物の町なんだそうです。登り窯をずらりと並べ、越前焼の大量生産を行なっていた。当時では最も進んだ生産方法です。さらにその越前焼を三国港に持っていき、海運を使って全国各地に流通させていた。その元締めをやっていたのが、織田家の祖先だったのかもしれない。

磯田 なるほど、物流とハイテク産業の両方を掌握していたわけですね。

楽市楽座で成長スパイラルに

小和田　信長は、この豊かな先進地域、尾張をスタート地点として、さらに経済改革を進めました。その代表的な施策が有名な「楽市楽座」でしょう。

室町時代の後期、貨幣経済が急速に発展していく中で、支配者たちはそれを保護するかわりに税を取る仕組みを整えます。関銭制度が設けられ、商人たちは関所で通行税を支払うようになり、また業種別の「座」を作って、みんなでプールした運上銭を有力寺社や京都の公家に上納していた。

本郷　室町幕府は、最大の商業都市京都だけにかかる税として、家の棟ごとにかける棟別銭を課しています。また有力商人には酒屋役や土倉役も納めさせていますね。

堺屋　この「座」というのは、商人たちによる自主規制組織でもありました。このメンバーでなければ商売は出来ない。新規参入を阻んで、商人共同体の利益を守る、一種、既得権益の団体だったのです。

ところが商品の流通量が増え、古い「座」の商人たちの取り扱い能力をはるかに上回るようになると、「座」に属さない大量のもぐり商人が発生します。針を商っていた少年期の秀吉もその一人だったのでしょう。彼らは共同体の秩序を乱す厄介な存在ですが、膨れ上がる商品経済の担い手ともなっていった。ならば「座」を廃止して、このもぐり商人を公認してしまおうではないか。そう考えたのが信長だったのです。これは当時の人たちにとっては、他人の土地に勝手に住み着くのを公に認めるのと同じくらい衝撃的な改革でした。

磯田　「楽市楽座」の実施によって、商業の自由を求める人々が流入し、経済活動はますます盛んになる。また、「座」のメンバーにとっても、運上銭が免除される。さらに信長は関所も廃止し、領地内の行き来も自由にしました。既得権益を破壊する規制緩和と減税政策を一挙に行なったわけです。しかし、銭で軍兵をととのえる信長としては、税収を失うリスクもあったはずです。

堺屋　そこが信長の革新性でした。信長は「減税をすると、景気が活性化し、収入が増える」という経済原則を自力で学んでいたのです。今の日本の政治家や官僚たちに爪の垢でも煎じて飲ませたいですね（笑）。

「楽市楽座」で経済が発展してくると、商人たちから「場銭」を取って、その金でまた兵を雇って戦争し、領地を広げていく。信長はこうした成長スパイラルを、自ら生み出した。実は、チンギス・ハーンからレーガン大統領まで、真の革新派はこれに類したことをやっています。

小和田　それに対して、運上銭収入が絶たれた有力寺社や公家は、当然ながら信長への反感を募らせます。のちに比叡山や石山本願寺と争う火種のひとつは、ここに端を発するのです。

重臣をも追放する成果主義

小和田　信長は、人事面でも従来の戦国大名とは大きく異なりますね。流れ者出身であっても、のちに秀吉となる木下藤吉郎のように能力がある人間が、成果を残せばどんどん抜擢する。明智光秀、滝川一益《かずます》といったのちの重臣たちも、中途入社組です。能力本位、成果主義で人材登用を行なうことで、組織を活性化していた。

堺屋　ところが、こうした成果主義に基づく抜擢人事をやろうと思っても、普通の戦国大名だとなかなかうまくいかないんです。土地本位主義が邪魔をするんですね。

農村共同体を基盤とした大名にとって、俸禄は基本的には領地であり田畑です。千人の兵を率いる大将にするためには、千人の農民兵が暮らしている農村を領地として与えなければなりません。ところが、土地には限りがある。もし誰かを抜擢して俸禄を上げるとなると、他国との戦争に勝って領地を拡大し、新しい田畑を獲得するか、あるいは現在の家臣の持っている土地を奪って別の家臣に分け与えるしかない。

ところが信長軍だけは、秀吉、光秀、滝川一益のような流れ者出身者が大将軍になります。これは銭で雇った兵隊がいるからなんです。

銭で兵隊を集めるという組織原理と、成果に見合った抜擢という人事政策。この両方を兼ね備えていたからこそ、信長の組織は急成長した。そこに信長の天才があったと思うんですね。


磯田　それと同時に、競争原理も導入していますね。信長の凄いところは、父の代から仕える重臣であっても、役に立たないとみるや追放してしまうことです。

一五八〇年に信長は代々の重臣であった佐久間信盛を追放しますが、そのときにわざわざ追放理由を書状に書いて佐久間に渡すのです。その理由がまさに成果主義そのもの。要するに「五年間働きがなかった」ことが追放の理由で、しかも「明智も秀吉も頑張っている。それを見て柴田も加賀に攻め入った。それなのになぜおまえは何もしないのか」と競争原理を胸元につきつけている。

これは当時の考え方からすると、新奇な発想なんですね。その家に長く仕えた譜代の者はそれだけ価値がある、という「年功序列」は武家社会では当然とされていましたから。

本郷　現代の企業だってなかなか業績不振だけを理由にクビには出来ないでしょう。大学教員などはその最たるものです（笑）。

磯田　競争原理と成果主義を導入すると、当然ながら日本的共同体内の雰囲気は非常に悪くなる。それをものともせずに実行したのは、信長が初めてなのではないでしょうか。これは本当に驚くべきことです。

本郷　武田信玄もある程度やっていますね。彼も抜擢人事が好きで、家臣団の間に反目が生まれたりしている。ただ、信長ほどドラスティックに家臣を追放したりはしていない。

堺屋　それに信玄は抜擢や降格の理由として、はっきりと成果に言及したことはないでしょう。少なくとも文献に残る限り、業績をきちんと並べて評価を下しているのは信長だけです。これも現代風にいえば、信長は「説明責任」を果たしているといえるでしょう。

磯田　また能力を認められ、過去の功績があっても、信長の不興を買えば厳しく処遇されています。秀吉も一度謹慎していますし、前田利家も若いころ、追放されて二年間浪人暮らしをしています。信長に仕える側とすれば、心休まる時はない。とにかく蹴られても踏まれても耐えてついていく覚悟がないと、とても勤まらない。

絵描き、碁打ちを厚遇した理由

堺屋　私はちょっと違う見方をしています。信長にとって部下というのはあくまでも機能だったと思うんです。その人間がいまどんな働きをするかが重要であって、いかに、どんな仕打ちにも耐え忠誠心を示したとしても、無能な人間には用がない。これが信長の人材評価軸でした。

だから、信長は敗者復活を認めていますね。いくらミスをしても功績を挙げれば、秀吉も前田利家もまた第一線に戻される。それどころか、一度は信行側について信長を排除しようとした柴田勝家のように、自分に刃《やいば》を向けた人間でさえ、使えると思えば、大軍を持たせて北陸攻めの総司令官に起用したりする。

これはきわめて近代的な雇用関係なんです。失敗したら左遷、減給、甚だしいときはクビを切るけれども、その機能を十分に果たし、業績を挙げたら、それに見合った処遇をする。いったん他社に転職した人間でも、能力があればまた再雇用して、重い仕事を任せる。信長は、つねに「再チャレンジ」のチャンスを与えていました。

本郷　ただ、秀吉や前田利家と違って、一回のミスで即座に殺されてしまう部下もいますね。信長のあの苛烈さは機能主義ともいえるでしょうが、あまりに凄まじいものです。

堺屋　信長の機能主義がよく現れていると思うのは、大名行列の順番ですね。まず先頭は信長自身、その次に配下の諸大名、その次が、茶人としても高名だった津田宗及など堺の商人で、そのあとになぜか狩野永徳という絵描き、次に碁打ちの本因坊算砂《ほんいんぼうさんさ》が続くのです。

なぜか。信長は遊びの相手として彼らを厚遇したのではありません。彼らが、戦の時に大事な機能、役割を担っていたからなのです。絵描きは予想戦場の絵図を細密に描く仕事があります。そして碁打ちは敵の陣屋に入り込んで賭け碁をして歩いて、情報をとってくる役割を与えられていた。斥候であり、敵情視察を行なうスパイだったのです。狩野永徳や本因坊算砂は、それぞれ狩野一派、本因坊家という情報集団のトップとして旗本待遇を与えられていたのです。

磯田　なるほど。たしかに信長の部下の使い方を、家康と比べると、信長は攻めていくときによく働く者を好むのに対して、家康は、自分は律義者が好きだ、と言うんですね。総退却となったときに決して逃げず、しんがりを務めるような部下を評価する。つまり事業拡大の局面で活躍する人材を取るか、会社が苦しいときにあくまでも留まって耐え抜く人材を取るか、というわけです。

信長の考え方の顕著な特徴に、目に見えるものしか信じない、ということが挙げられます。池に龍のような大蛇が出たという噂を聞くと、池の水を汲み出させ、最後には自ら飛び込んでしまう。自分と同年同月同日生まれの人間を探し出し、自分とどこが違うか、我が目で確かめようとしたこともあります。

部下に関しても、具体的な成果が目に見える形で上がってきてはじめて信用する。それが信長を勃興させた強みであり、同時に、信長を自滅させた原因でもありました。「信なくば立たず」と言いますが、突き詰めていくと「信」とは目に見えないものでしょう。だから、部下たちが信長を信じられなくなってしまった。その結果が本能寺の変ではなかったのでしょうか。

堺屋　そう、信長以外の人間は、依然として面子とか恥とか人間関係といった共同体的発想を引きずっているので、信長の完全に機能本位の人事評価についていけなかった。その証拠に、信長ほど家臣などから反乱を起こされた武将もいないでしょう。明智光秀以外にも荒木村重、松永久秀、三好康長、足利義昭と、反乱や逃亡の連続です。

小和田　信長が、「土地」という価値観の呪縛から自由だったことは、本拠地である居城を次々と変えていったことにもあらわれている。清洲城から小牧山城に移り、美濃を併合すると岐阜に乗り込み、畿内を平定すると、壮麗な安土城を建てる。そのときどきの目標、尾張平定、美濃攻め、さらには京都への進出に応じて、臨機応変に本拠地を動かしていった。

これも、土地に縛られていた他の戦国大名にはない特徴です。たとえば、武田信玄は必ず甲斐の躑躅《つつじ》ヶ崎の館から出陣し、戦いが終われば必ず本国の館に戻る。こちらのほうが、圧倒的に多数派なんですね。

磯田　上杉謙信もそうでしたね。いくら他国に攻め込んでも、最終的には越後に戻っていく。

小和田　土地から切り離された流れ者の軍隊を率いて、信長は次々に拠点を移しつつ、「天下」に迫っていきます。

堺屋　信長が特定の「土地」にこだわらなかったのも、それよりも大きな「天下」を見据えていたからでしょう。信長にとっては、日本全国が自分の領国でした。

信長は、全国に領土を拡大していく過程で、重臣たちに大規模な領地替えを行なっていますが、決して自治権を与えることはしませんでした。天下を支配するのはあくまでも信長であって、その家臣たちは領地を預けられているだけだ、という発想ですね。

小和田　たとえば、柴田勝家に越前国を与えるときには、「自分の方に足を向けて寝るな」とまで言っていますね。そして、勝家の近江の所領を取り上げている。同様に北伊勢にいた滝川一益も関東支配のため上野国《こうずけのくに》に国替えになり、しぶしぶ従っています。

こうした領地替えには、部下たちは戦々恐々だったようですね。苦労してやっと定着した領地から引き剝がされて、まだ抵抗勢力が残っている占領地域に投入されるのですから。

磯田　これを受け継いだのが、江戸幕府の「大名鉢植え論」ですね。大規模な国替えを繰り返し、大名を地縁から切り離し、中央の支配権を強めていった。信長の考えた支配システムは、その後、三百年もの間、効力を発揮したのです。

本郷　しかし、こうして見てくると、信長は本当に怖い上司ですね。冷酷だし、絶対に一緒に働きたくない。最後に本能寺の変で殺されるのもむべなるかなと思います。

堺屋　そうそう、歴史の上で一番面白い人物は信長で、最も隣に来て欲しくないのも信長ですね（笑）。

桶狭間奇襲説への疑問

小和田　ここで少し具体的な合戦における信長の戦術をみてみましょう。研究が進んで、かつて唱えられていた定説がずいぶん覆されつつあります。

信長が一躍その名を戦国の世に轟《とどろ》かせたのは、なんといっても桶狭間の戦いです。これまでは、信長が尾張を平定して間もなく、上洛を目指した今川義元が大軍を率いて尾張に攻め込んできたのを、圧倒的に劣勢だった信長が迂回し、太子ヶ根という山の上から攻め下りて、桶狭間の今川本陣に奇襲をかけ、奇跡的な勝利を収めた、という話が通説となっていました。しかし最近の研究では、これは史実とは異なるのではないか、という見方が提示されていますね。

堺屋　私は『鬼と人と』という小説で、桶狭間の戦いを書いたのですが、桶狭間は奇襲などではなかった、という結論に達しました。

信長の本拠地だった清洲城から、桶狭間——現在は中京競馬場になっていますが——まで実際に歩いてみると、三時間ほどの距離です。桶狭間に立つと、途中の天白川《てんぱくがわ》が遠望できる。すなわち、今川の本陣からは信長軍は見えていたわけで、そもそも奇襲は成り立たない。

小和田　『信長の戦争』を書いた藤本正行氏の研究によると、桶狭間の奇襲を広めたのは、『甫庵信長記《ほあんしんちょうき》』など江戸時代に成立した軍記ものなんです。『信長公記』をよく読むと、今川の陣はこれまで言われていたような谷間ではなく、山の中腹に陣取っており、信長軍は正面攻撃を行なっているんですね。

堺屋　では、信長軍はなぜ奇襲ではないのに、勝利できたのか。近年の歴史学ではコンピュータなども駆使して、地形、気象条件、潮の干満などを分析し、当時の状況を割り出すシミュレーションが進歩を遂げています。そこで当時の気象条件をみると、桶狭間の合戦の前日と当日、二日続けて夕立が降っているんですね。

当時の主力兵器であった弓は、風下から撃つと射程距離が短くなって、威力が格段に落ちてしまう。風上に陣取っていた今川軍は、風下の信長軍がまさか攻めて来るまいと思っていたところに夕立がきて、風向きが変わった。そこで信長は、弓衆だけを全部前に出して突撃をかけたのです。意外な風向きの変化で射すくめられた今川軍に対して、信長は槍隊、騎馬隊を繰り出して、長く伸び切った今川陣営の中枢を遮断し、義元の首を取ったわけです。

小和田　これはあまり史料的には信憑性が高くないのですが、『伊東法師物語』という書物には、信長の側近だった伊東法師が、この日は雨になりますよと予言した、という逸話が載っています。彼らは暦を作ったり、天候を占う役割も果たしていましたから、信長が雨が降るのを念頭に作戦を立てたことはあり得ると思いますね。

磯田　今川の軍勢が非常に長距離にわたって分散していて、兵力が集中していなかったことも大きいですね。

堺屋　今川が陣取ったのは水田地帯でした。だから、行軍できるのはあぜ道しかない。人は二列、馬は一列しか通れないようなところで休憩していましたから、真ん中に集中攻撃を掛けられたら前後の大軍も役に立たなかった。

本郷　確かに『信長公記』は、『甫庵信長記』のような読み物とは違い、信長の同時代人が良心的に作った書物であることは異論ありません。しかし、これが貴族の日記のような一級史料であるか、と言われたら、そうだとは言えないと思います。『信長公記』だけに基づいて、桶狭間の真実はこうでした、と断言することは難しい。

私が桶狭間の奇襲説で疑問に思っているのは、これまで論じてきたように、信長という人は、極度に合理的で、奇跡や運に頼った戦争はしない人ですね。それが通説にあるように、わずか二千人か三千人で、今川の二万五千に向かっていくようなことをするだろうか、という点なんです。
というのは、当時の尾張は非常に豊かな地域で、信長はその南部地域をほぼ掌握していた。その経済力からすれば、織田家の命運を賭けた戦いで、信長が必死で集めたら、それこそ銭で雇った傭兵部隊も含め、一万人くらいは動員できたのではないか。

小和田　確かに今川は駿河、遠江、三河の三カ国、対する織田は尾張一国というので、両者には非常に大きな国力の差があるように見えますが、これは正しい見方ではないと思います。

本郷さんが言われたように、太閤検地の時点で、尾張は一国で五十万石あったほど、きわめて生産力の高い地域なんです。一方、今川は三カ国足しても八十万石程度にしかならない。だから、二、三千対二万五千というような大差ではなく、信長の軍勢はもっと多かったのではないか、という気が、私もしますね。だから、信長にとって桶狭間の戦いは、一か八かの賭けではなく、自然条件なども含め、彼なりの勝算をもって臨んだのだと思います。

本郷　もうひとつ確認しておきたい。今川義元は上洛して天下を取るつもりだった、という解釈も、やはり誤りです。これは学界では常識になっていますね。あの時点では、仮に尾張で信長に勝っても、まだ美濃には斎藤家が頑張っている。実際に信長は岐阜を占領するまでに何年もかけて、大変な苦労をしています。今川だってそれは十分わかっていますから、一気に京都に攻め上るなんて考えるはずがありません。

小和田　同感です。『甫庵信長記』も『信長公記』も、今川義元が「天下の邪路を正すために上洛する」と唱えていた、と書いてありますが、私もこれはまったくの間違いだと思います。今川の側とすれば、尾張の西側に攻め込んで領地を広げたい、信長を討てれば上出来、という、あくまで地域間の領地戦争でしかなかったでしょう。

堺屋　今川に限らず、信長以外のすべての戦国大名にとっては、戦争とは領地を増やすのが目的なんです。武士共同体の最大の目標は、メンバーに利益を与え、共同体を繁栄させることですから。これは現在の官庁をみればよくわかる。ちょっとでも権限を増やし、天下り先を拡げてメンバーの利益を得ることが日本型組織の最大の目的です。これは当時も今も変わりません。天下を取るような野望は「あればなおよい」程度なのです。

それに対して、信長はすべてが「天下」という目的のためにある機能集団を目指した。これは近代的な企業か、あるいはそれよりももっと進んだプロジェクトチームの発想です。そこが決定的な違いなんです。

ナポレオンも及ばぬ先進性

本郷　信長の戦いといえば、長篠の合戦での鉄砲の三段撃ちも史実ではない、とずいぶん前から言われていますね。鉄砲隊千人を三列に並べ、一番前の列が撃ったら後ろに下がって、今度は次の列が発射する。そうして武田の誇る騎馬軍団をさんざんに打ち破ったとされ、桶狭間の奇襲と並んで、信長の軍事的天才の証左とされてきたのですが、実際にやってみると、うまくいかないらしい。

堺屋　三段撃ちはどうもあまり信用できないようですね。しかし、私は長篠の戦いは、信長の軍事的天才を鮮やかにあらわしていると考えているんです。それは何かといえば、指揮系統の革命ですね。独裁的指揮による銃器の集中使用という、まことに画期的な戦術を信長は示した。

再三、論じているように、戦国時代の軍事組織は農村共同体をモデルにしたものでした。すると、各共同体ごとの軍事編制のなかで、馬に乗っているのは上級武士です。次に豊かな自作農クラスが鉄砲を持っている。鉄砲は高価ですから、持てる層が限られるのです。百人の部隊があったとすると、馬に乗っているのが三人、鉄砲が五人、二十人くらいが弓を持ち、それから槍を持っている兵がいる。何も持てない日雇いは礫《つぶて》の部隊といって、石を投げるのです。これでひとつの部隊をなし、その集まりが大名家の大軍でした。

信長はこの制度を破壊して、鉄砲を持っている兵をすべて前列に並べ、統一的な指揮を取ったのです。これも旧弊に捉われない信長の機能主義のあらわれですね。

武田軍からみると、前に千人並んでいるから鉄砲は五十人くらいかと思っていると、千人全員が鉄砲隊だった。予想をはるかに超える鉄砲隊が集中的に使われたから、武田勢はすっかり驚いて、後に三段撃ちだとか、三千挺の鉄砲が使われた、という話が伝わったのでしょう。

磯田　信長軍の戦い方で顕著なのは、二万、三万という大軍をかなり長期にわたって敵国に駐留させますね。秀吉を派遣した中国、四国攻めなどその典型です。食糧ひとつとっても大変なことだったと思います。

堺屋　信長は岐阜に拠点を構えた一五六七年ごろから、兵のなかに黒鍬者、荷駄者なる職制を設けています。黒鍬者は今でいえば工兵、荷駄者は輜重《しちょう》＝補給兵のことです。要するに戦闘部隊から補給部隊を独立させた。また工兵部隊を使って、土を盛り上げた高架道路を作らせ、補給線を確保させました。

中世以降のヨーロッパよりも信長の方が明らかに早く補給線の重要性に気付いていています。ナポレオンは、十八世紀になってもまだ、兵站《へいたん》をおろそかにしていましたから、信長は世界史的にも画期をなす戦略家といっていいでしょう。

小和田　信長は橋を掛けたり、道路や水運を整備することに非常に熱心でした。これは軍事的なメリットと同時に、交易体制を強化するという経済振興策でもあった。まさに戦国時代の列島改造だったのです。

桶狭間奇襲説が通説となってしまった背景には、明治三十二（一八九九）年、陸軍の参謀本部が編纂した『日本戦史　桶狭間役』でこの説が採用され、作戦研究のテキストにされたことが大きい。

磯田　まさに日露戦争直前ですね。小国日本でも巨大国ロシアに勝てる、という意味付けを行ないたかったのでしょうか。

堺屋　桶狭間の合戦や義経の鵯越《ひよどりごえ》に見習え、というこの奇襲至上主義は、日本の軍隊に大変な悪影響を与えましたね。寡兵であっても迂回して奇襲突撃すれば大軍にも勝てるのだ、というイデオロギーを教え込むために、信長の史実が歪められた。その結果、太平洋戦争などでは多くの奇襲作戦が立てられるのですが、そのほとんどが失敗している。

磯田　太平洋戦争のとき、日本陸軍は兵站の備えなく勢力圏を拡大しました。そのために、補給線を断たれた南方では餓死する兵隊が相次ぎ、中国戦線では現地調達に頼る羽目になってしまった。日本軍は奇襲よりも、補給の重要性を信長から学ぶべきだったのでしょう。

堺屋　そう。それに加えて不利なときには決して戦わない合理性。そして何より勝つための組織作りです。昭和の軍隊は勝つための組織ではなく、自分たちの既得権益を守るための組織を作って、結局、戦争に敗れてしまった。やはり、いまの官僚組織も同じです。

キリスト教という「外圧」

堺屋　これまで組織、戦略、そして経済、文化に至るまで、社会のあらゆる分野で信長の行なってきた大改革を見てきました。

そしてこれらの改革のバックボーンとして、すべてを貫いているのが「天下布武」というスローガンです。これは、天下を統一支配し、武士による政権を築く、という意味ですね。つまり、日本国中を武士が一元的に支配し、その頂点に絶対君主として信長が君臨するという鮮烈なヴィジョンを掲げ、全国統一を半ば以上達成したのです。

本郷　これはあくまでも仮説ですが、これまで日本の大改革のほとんどは強い外圧のもとに行なわれてきました。聖徳太子は仏教伝来だし、明治維新、敗戦は言うまでもありません。信長を改革に駆り立てた外圧があったとすると、やはりキリスト教だったのではないか。

小和田　信長は最初のうちは情報源として楽しく宣教師たちに接しているのに、次第に一線を画すようになる。最後には、自分自身が神なのだ、と言って、宣教師たちから総スカンを食っているほどです。これは、天下統一をほぼ手中にした信長の慢心もあったかもしれませんが、宣教師たちの説くキリスト教の唯一神に、信長が自分の支配を否定するものを感じ取った可能性は捨て切れませんね。

本郷　秀吉、家康と時代を経るにしたがって、キリスト教との対立は激化していき、ついには鎖国に至ります。家康があえて京大坂を離れ、わざわざ東のはずれの江戸に幕府を開いたのは、南蛮貿易やキリスト教の宣教といった西欧からの働きかけと、はっきり距離を取るためだったのではないでしょうか。

ヴィジョンがなかった秀吉

磯田　家康の至上命題は権力の永続性です。永く続くためには出来る限り社会変動の少ない辺境に立脚する。都に近付いた信長・秀吉はすぐ滅んだ。それをみて、わざと、先進地域である京大坂から遠ざかったのではないでしょうか。

堺屋　信長のほかに、ヴィジョンといえるものを持っていた戦国大名は、おそらく家康だけだったでしょう。そして、それは信長の進歩的大改革と真っ向から対立するものでした。

家康の掲げたヴィジョンが最も良くあらわれているのは、旗印に記した「厭離穢土《えんりえど》、欣求浄土《ごんぐじょうど》」です。彼の否定した「穢土」とは生き馬の目を抜くような下剋上の世の中であり、実現を誓った「浄土」とは身分によって秩序がきちんと保たれた封建社会のことでした。つまり、信長的な自由競争の社会を否定し、質素倹約、ゼロ成長社会への復帰を実現したのが家康だったのです。

本郷　もともと鎌倉時代から、土に対して労働力を投下し、食物を生産して生きていくのが武士の本分だったわけです。鎌倉時代の朝廷や幕府の文書には必ず「過差（贅沢）禁止」といった文言が出てくる。つまり、基本的には自給自足経済ですから、財政を立て直すには倹約しかない。家康は鎌倉時代の歴史書『吾妻鏡』を読み込んでいたといいます。頼朝の昔に戻るのが、家康の基本理念だった。

堺屋 天下統一が完成してしまった後は、もはや領地がこれ以上増えることはありません。誰かが増えれば誰かが減るというゼロサム社会なんです。家康の凄いところはゼロサム社会にいかに生きるかを必死で考えて、領地や収入が増えなくてもみなが一生懸命真面目に働くという日本型勤勉思想のおおもとを築いた点ですね。こうした勤勉の美徳は、家康から三百年以上後まで生き延びて、戦後の高度成長を支えるイデオロギーにもなりました。会社は発展しても、経営者は貧しいほうがよい、交際費は何百万円使っても家庭ではメザシ、ということで。

磯田 ヴィジョンを掲げる信長に対し、秀吉の口癖は、「よき夢を見させようぞ」なんですね。典型的なばらまき型といっていい。事実、政権安定のために気前良くみんなに領地を与えた結果、秀吉自身の領地は少なくなり、人から心配されると「自分は天下を持っている。領地がなくなったら家来に養ってもらう」とうそぶいた。

堺屋 秀吉にはヴィジョンがないんですよ。あるのは利益誘導だけという田中角栄型リーダーです。秀吉の言っていることはすべて信長の受け売りです。

本郷　信長という人は良くも悪くも飛び抜けた人物だと思いますが、「悪くも」の部分にも触れたいと思うのです。それは長島の一向一揆を攻めて二万人を殺したり、比叡山を焼き討ちするなど、ジェノサイド（大量虐殺）を厭わなかった点です。これは日本史上ではかなり特異なことではないでしょうか。

磯田　同感です。弥生時代にはジェノサイドが存在していますね。遺跡から殺害人骨が大量に出土しています。ところが、それ以後、源平の戦いにせよ、南北朝の動乱にせよ、非戦闘員も含めて万人単位の敵を殺し尽くすという記録はほとんどみられません。

堺屋　日本の戦争は基本的には土地支配権をめぐる戦いですね。だから支配者だけを殺してしまったら、あとの農民庶民は生かしておいてそこから年貢を取る必要があった。企業の吸収合併のようなものです。合併のたびに従業員を全員解雇したら、たちまち工場が止まってしまう。入れ替わるのは経営者だけ。

本郷　私は、信長のジェノサイドは彼の死生観と深くかかわっているのではないかと思うのです。当時、人々の精神世界で非常に大きな地位を占めていた比叡山を灰燼《かいじん》に帰すことができたというのは、霊魂の否定ですね。現代人の我々でさえ、死者や墓に対してある畏《おそ》れを抱いているのですが、信長は、人間は死んだらそれでおしまいなんだ、と思っていた。ある意味では、身も蓋もない合理主義を持っていて、それがジェノサイドにつながっていく怖さも秘めていることは指摘しておきたい。こうした冷酷さは、秀吉にも受け継がれていますね。

その合理主義は、部下をあくまでも機能として評価する、機能を果たさなくなった人間は打ち捨ててかえりみない、という信長的人事とも深く関わっているのではないでしょうか。

小和田　家康は将軍になった翌月に、七カ条の掟をだすのですが、一番最後に「百姓むざと殺し候事、御停止《ごちょうじ》」としている。つまり簡単に人を殺してはいけない、として、目的のためには人をも殺すという戦国社会を否定しています。私はこれは家康の大きな功績だと思います。

堺屋　ただ、家康の統治の基本は、何かあれば直ちに御家断絶、お取り潰しという恐怖政治でもありました。そして、自らの権力を永続させるために、先行投資はよくないから城などは作らせない、家来＝従業員は出来るだけ少なくせよ、成長志向は一番悪いという縮小均衡思想を押し付けていく。

今の官僚や政治家が進めようとしている増税・財政シーリング路線もこれに似ています

が、その行き着く先は社会の停滞と抜き難い閉塞感しかもたらさないでしょう。

「信長サロン」の情報術

本郷　信長と家康にはヴィジョンがあり、秀吉にはなかったというお話でしたが、それは三人の生まれ育った環境も大きいのではないでしょうか。

というのは、信長も家康も殿様の子供として生まれていますね。信長は「大うつけ」と馬鹿にされ、家康は人質に出されるなど辛い目にも遭っていますが、小さい頃から、周りの人たちからは頭を下げられ、人の上に立つのが当然のこととして育った。それに対して、秀吉は貧しい階層の出身で天下はおろか、侍大将になるとも周囲の誰一人として夢想だにしなかった。その精神形成はまるで違ったものではないかと思うのです。

だから、信長と家康はゼネラリストですね。一国の主《あるじ》として、すべてを総合的に判断していく癖がついている。それに対して、秀吉はスペシャリストなんです。いろいろな部署を担当していますが、根本的には信長に課せられたプロジェクトをこなして、出世していく。自分としてこの国をどうしたい、というプランは、かなり長いあいだ持つ必要を感じていなかったのではないでしょうか。

磯田　信長という人が非常に異質だなと思うのは、その人生観なんですね。『信長公記』の中で、武田信玄が信長の故郷近くに住む僧侶に信長の人となりを尋ねる一節がありますが、「しのび草には何をしよぞ、一定かたりをこすよの」、すなわち信長は「自分が死後、何をやったといって語られるか」を常に意識していた、というのです。後世、それも子孫や共同体を超えて、自分がすっかり変革してしまった後の時代から、どんな評価を受けるか。戦国時代を生きた大名の中で、そんな射程の長い歴史観を持っていたのは信長だけでした。

本郷　もうひとつ気になるのは信長にはブレーン的な存在がいたんでしょうか。一人で考え、一人で命令を下していたとしか思えないのですが。

小和田　たしかにそうですね。秀吉の場合には、貧しい出自から身を立てただけあって、いろいろな職種を幅広く経験していますし、「人たらしの天才」といわれるほど人付き合いにも長《た》けている。そして、竹中半兵衛、黒田官兵衛のようなブレーンもいましたし、堺屋さんも『豊臣秀長』で書かれているように、弟・秀長の存在が非常に大きかった。秀長が亡くなった途端、秀吉の政策は歯車が狂ってくる。

磯田　家康の場合には、まだ本多正信や天海、大久保長安といった多くのブレーンがいましたが、信長の場合は、それこそ部下は機能体ではあっても、行く末を相談するような相手だったとは思えませんね。

本郷 そこで私がちょっと怖いなあと思うのは、生まれついての殿様というリーダーに、一般の人々の痛みや不安がどのくらい実感できるのか、ということなんです。いま政界をみると、二世、三世の議員ばかりなのですが、本当にそれでいいのか、という危惧が捨て切れない。

堺屋 しかし、その一方で、信長にはきさくで話好きな一面もあった。『信長公記』には、信長が「妙なおばさんが隣の村にいる」「妖術をよくする僧侶が来ている」といった、世情のこまごまとした噂話のたぐいも含めた世間話を実によく知っていることが記されています。信長の居城には、全国各地から、お土産話をもってさまざまな職種の人々があらわれ、さながら「信長サロン」のようです。

小和田 「信長サロン」の最も重要な客人は、おそらくイエズス会の宣教師だったと思います。特にルイス・フロイスとは堺などでしょっちゅう会って、諸国の動きから海外情報まで、ありとあらゆる情報を得ていたようです。そこから日本と、その外に広がる世界のイメージを形作っていったのではないでしょうか。

磯田　すると、信長の最大のブレーンはフロイスだったのかもしれませんね。

本郷　文化に対する姿勢も、信長、秀吉、家康では明確な違いがありますね。当時、文化の最先端といえば、やはり茶の湯です。千利休、武野紹鷗《じょうおう》、津田宗及、今井宗久ら当代随一の茶人はみな堺の商人でした。信長は彼らを従えて、唐渡りの名物道具を使った豪奢な侘び茶を行ないました。そのため、上級武将たちは争うようにして名物道具を収集するようになったのです。

茶器については、滝川一益の有名な逸話がありますね。彼は信長の嫡子・信忠を輔佐し、武田氏を滅亡においやりました。信長はその勲功として、一益に関東管領の称号と、上野国を与えましたが、このとき一益は領地よりも、村田珠光ゆかりの「珠光小茄子」なる茶器を所望した、といわれています。

つまり、信長の時代に、そうしたお茶の世界という文化・芸術と、ブランドとしての茶道具という経済、そして信長という政治権力とが互いに結びついて、新しい価値を生み出したといえるでしょう。

磯田　戦国の武将が、領地や知行よりも茶器というブランド品が欲しい、と言い出したことには注目すべきです。唐物とよばれる舶来ブランドを愛好する文化はそれまでにもありましたが、天下の名物茶器という日本独自のブランド価値の基準が生まれた。

本郷　それが秀吉になると、黄金という、誰でも理解できるもっと身も蓋もない価値になっていきます。つまり、信長は自分で価値というものが作り出せる人で、秀吉は既存の価値を手に入れることで力を誇示するタイプだったのではないでしょうか。

磯田　家康にはこんなエピソードがありますね。あるとき、人から金銀蒔絵をほどこしたおまるを献上されて、家康が大変に怒って、すぐに叩き壊してしまった。金銀とは戦争に使う武器や兵糧のために使うものである、こんなものに使うとはとんでもない、と。

現代の信長はどこに?

本郷　先に堺屋さんから日本史で本当の意味での改革を成し遂げた人は数えるほどしかいない、というお話がありましたが、日本は信長のような人物がなかなか出現しにくい社会であることは間違いありません。むしろ、信長のような人物が出てくると、寄ってたかって潰される可能性のほうが高いように思います。

小和田　日本社会はどうしても、共同体的な原理が強い。それを引っくり返すには、信長くらい破壊的な手法でなければ、とても改革など達成できない、という面もあるかもしれませんね。

磯田　これは私の持論なのですが、日本人にとって「安定」は非常に重い価値なので、基本的には変化を嫌います。近年の諸「改革」が結局、不徹底に終わっているのも、そのためではないか。

ところが、ペリーが黒船でやってきたり、太平洋戦争に敗れ、日本中が焼け野原になってしまうような本格的な危機が訪れて、もうこのままでは駄目だ、という認識が共有されると、今度はいっせいに何から何まで古いものは投げ捨てて、信長型の改革を始める。そうなると、日本人は見事に変われるんですね。私はこれを「日本人のやけくそ性」と呼んでいます。

本郷　すると、やはり外圧ということになりますね。今のグローバル経済が、どこまで外圧になるのか……。

堺屋　いま日本が直面している危機は、グローバル経済に巻き込まれるという危機ではなくて、むしろ歴史の巨大な変化からどんどん取り残されるという危機でしょう。変われないことそのものが危機なのです。だから信長のように、次の時代のヴィジョンを明確に打ち出すリーダーが必要なのです。

磯田　いまの日本に信長になりうるような人材はいますか。

堺屋　晩年には、信長は日本の三分の二以上を手に入れていましたが、その二十年前にはまだ桶狭間の戦いで今川を倒し、美濃を攻めている段階で、誰も彼が天下を取るとは思っていなかった。だから、将来、日本を変えるリーダーは、まだせいぜい尾張を統一したか、美濃を攻めるくらいのレベルにいる人の中から出てくるのではないでしょうか。

本郷　私はこう考えます。貨幣経済社会を推し進め、堺を押さえ、京都に上った信長と、東の江戸を拠点に、頼朝以来の土地を基盤とした農業社会に戻ろうとした家康。二人の描いた日本像は対照的ですが、そこから私たちが学べるのは、日本の歴史は東と西が競い合い、バランスを取りながら発展してきたということです。そこで、いま必要なのは、大阪の復権ではないか。東京への一極集中ではなく、大阪がきちんともうひとつの極になることで、日本社会はずいぶんダイナミズムを取り戻せると思うのですが。

小和田　信長は尾張の人、家康は三河の人ですね。ともに日本の中央から東西二つの極を検討してきた。しかも、家康は秀忠に将軍位を譲ると、駿府（現在の静岡市）に移って、そこから大御所政治を展開したのです。あえて付け加えるなら、東西二極を等しく見つめる第三極のバランスが、社会の長期的繁栄には有効なのかもしれません。

磯田　そもそも「信長さがし」をすること自体が日本人的かもしれません。行き詰まると、信長のような異質な改革者をも受け入れる。日本人はそういう柔軟性をもっています。道路財源にしろ、キャリア官僚制度にしろ、もうこの国の制度は行き詰まってしまった。新しい方向に飛び込むのも仕方がない。「信長」が出てくるのは、あるいは我々がそう覚悟したとき、かもしれません。

戦国武将の養生訓
×
酒井シヅ

信長はアスリート体形だけど高血圧?
「健康オタク」家康は天下の上医を目指した?
医学史から垣間見える英雄たちの「健康診断」

さかい・しづ　1935年生まれ。順天堂大学名誉教授。元日本医史学会理事長。東京大学大学院博士課程修了後、順天堂大医史学教授に。ドラマ「八重の桜」「JIN－仁－」ほかの医事監修を担当。著書に『病が語る日本史』など。

戦国時代のスーパー名医

磯田　今日は「戦国武将と病気」というテーマを与えられたのですが、実は、医学の歴史は、これから我々が歴史に学ぶ上で、防災史などと並んで、最も重要な課題になるのではないかと思うのです。

二〇一一年の東日本大震災に直面して、日本人は改めて命を守ること、安全に暮らすことの大切さに気付かされました。そのとき、歴史を振り返ると、平安時代の貞観《じようがん》大津波や、明治の三陸地震の後に、ここまで水が来たという石碑や記録など、様々な歴史の教えが残されていたことが分かりました。しかし、これまでの歴史教育は政治や経済中心で、本当に「命」に直結する防災史や医学史については、ほとんど教えられてこなかったのです。

酒井　同感ですね。災害の歴史は防災に関する智恵の宝庫であり、病気の歴史は、日本人がどんなふうに命を守り、安全や健康を保ってきたかという歴史でもあります。

磯田　そこで今日は、ドラマ『ＪＩＮ―仁―』の監修なども手がけられ、『戦国武将の死亡診断書』（エクスナレッジ）を監修された医史学者の酒井先生とお話しできるというので、ぎっくり腰にもかかわらず（笑）やって来ました。

酒井　よろしくお願いします（笑）。
まず個々の武将について語る前に、戦国時代の医学を見る上で、欠かすことのできない人物を紹介しましょう。〝日本医学の中興の祖〟ともいわれる曲直瀬道三《まなせどうさん》です。当時の天皇や、将軍・足利義輝、そして織田信長、毛利元就、松永久秀、三好長慶といった多くの大物武将たちを診察し、京都に啓迪院《けいてきいん》という医学校を建て、数百人の門人も育てたというキーパーソンですが、一般にはほとんど知られていないのではないでしょうか。
磯田　まさに当時の〝スーパー名医〟であり、第一級の知識人ですね。道三の養子の曲直瀬玄朔《げんさく》も超絶。後陽成天皇から、公家、諸大名、一般庶民に至るまで、三十年間に及ぶ膨大な診療記録『医学天正記』を著した。つまり、戦国から江戸初期にかけての最大の医学データベースなのです。病状、施した診療、患者の様子までカルテを実名で出版した。医師としての守秘義務の問題は別として（笑）、後に続く医師や歴史家にとってこんな有り難い本はない。
酒井　戦国武将たちにとって、命や健康はそのまま一族や国の運命とも直結していました。だから、評判の高い医師は、方々の武将たちから声がかかり、引っ張りだこになる。その代表的な例が道三であり、玄朔だったのです。

信長とキリシタン医学

磯田　では、三英傑からみていきましょうか。まずは織田信長。彼は本能寺の変で戦死するのですが、健康状態を分析すると……。

酒井　史料によれば、信長は身長百六十五センチ、体重六十キロと理想的な体形ですね。当時の平均より一回り大きく、持病らしい記録もありません。ただ、塩辛いものを好んだという食生活や、短気な性格からみると、高血圧症や循環器系の病気になった可能性は高い。もしかすると本能寺の変がなくても、数年のうちに動脈硬化などを起こし急死していたかもしれません。

磯田　たしかに信長は、健康に特別な関心を払っていた節があまり見られませんね。それは、キリスト教の宣教師たちに会った時の信長の反応にもあらわれている。

異文化に接したとき、何に強い関心を示すかには、その人の性格が色濃く反映されると思うのですが、宣教師フロイスの記した記録によると、信長は、物理学や天文学、地理など、世界観に関する知識に最も強く反応して、長時間、質問を重ねている。これはやはり信長という人をよく表しています。

普通、異文化に接した時、まず関心を持つのは実用的な知識ですね。特に命にかかわる医術については、戦国時代の日本人も強い関心を持っていた。宣教師たちが本国に書き送った報告を読むと、彼らの医学知識が布教に非常に役立っている、と書かれています。時代は下りますが、たとえば蘭学を解禁した徳川吉宗なども熱心に取り入れようとしたのは、医療技術や獣医学、特に馬に関する医学ですね。

それに対して、信長の関心は個々の実用的知識よりも、もっと抽象的な原理や外の世界の実態に向いていた。

酒井 実は、信長たちが生きた十六世紀の段階では、西洋医術は客観的に見ると大したことはなかったんですよ。西洋医学の水準が上がるのは、パスツールやコッホなどによって病原菌の研究が進んだ十九世紀になってから。それまでは、むしろ東洋医学の方が高いレベルにあったのです。

磯田 なるほど、漢方の方がはるかに高い水準だったんですね。

酒井 ただ、当時でも西洋の方が進んでいた分野もありました。それは外科。傷を縫ったりする外科の技術に関しては西洋医学の方が優れていた。

戦国時代の日本で外科的な治療を行なっていたのは「金創医《きんそうい》」、すなわち刀や槍、矢などによる傷を治療する医師ですが、彼らの多くは戦場で死者を弔っていた時宗などの僧や信徒で、専門的な医学知識もなく、治療も幼稚なものでした。焼酎で消毒するのはまだ良い方で、傷口に塩や馬糞を塗る、などということも行なわれてきたようです。

また当時の日本は、医療というものがほとんどない地域も多かった。そこに、宣教師たちが病院などを建て、診療を施してくれたことは大きな魅力だったと思います。

磯田 それはよく分かります。江戸以前の日本では、知識は常に偏在しているんですね。医学にしても、特定の場所、たとえば、大内氏の支配していた山口や長崎といった、中国・朝鮮に開かれた港町や、京都五山や鎌倉などの寺院にしか、高度な知識は存在しなかった。特に地方や庶民階層では、おまじないのレベルをいくらも出ない医学知識しかありませんでした。

酒井 そうだと思います。当時、学問の中心を担ったのは、中国からの知識を吸収した僧侶たちで、先に述べた曲直瀬道三もお坊さんでした。そして足利学校（栃木）で田代三喜という中国帰りの医者に出会い、「李朱医学」という最先端の中国医学を学ぶのです。

磯田 すると、信長はキリシタン医学を見切っていたのかな（笑）。

それはともかく、信長高血圧説にあえて異論を唱えますと、信長という人は非常に運動量が多い。朝晩の乗馬の稽古に加え、武芸も人一倍熱心で、水泳や相撲なども大好きでした。塩辛い食事を好んだのも、激しい運動で塩分を必要としたからでしょう。宣教師たちの報告などによると、今でいうアスリートみたいな体格だった。高血圧などの〝生活習慣病〟とはおよそ縁遠い暮らしだったのではないでしょうか。

酒井　こういうタイプの人は、体が動くうちは健康なんですね。ただ、要注意なのは、年を重ね、若い頃のように動けなくなった時なんです。

磯田　なるほど。本能寺の変の時点で、信長は四十九歳。そろそろ体力の曲がり角だった可能性はありますね。

朝鮮出兵の〝副産物〟

酒井　老年を迎えて、一気に体調を壊してしまったのが豊臣秀吉です。六十二歳で亡くなったのですが、その直前の一、二年はすっかり衰えてしまい、認知症だったのでは、と疑われるほどです。特に最晩年、〝醍醐の花見〟を開いた後に倒れ、五大老を呼び集めて、五十七歳のときに出来た秀頼のことを涙ながらに託しています。これも老いによるものかもしれない。

磯田　曲直瀬玄朔の『医学天正記』には秀吉のカルテも出てきますね。これを読むと、秀吉はなかなか厄介な患者だったのでは、とうかがわせるものがある。このとき、秀吉は感冒、今でいうインフルエンザに罹《かか》ったのですが、その症状として「流涕《りゅうてい》」「声嗄《が》れ」とある。もともと秀吉はおしゃべりな人でしたが、つまり、鼻水に涙を流し、声がかれてもあの大声で苦しみを訴えていたのではないでしょうか。

酒井　そういう読み方はしませんでしたね（笑）。

磯田　ちょっと想像を広げ過ぎでしょうか（笑）。しかし、そう読みたくなる要素が、この『医学天正記』にはあります。簡潔な記述の中に、患者の心理状態に踏み込んだものが時折みられるのです。たとえば、秀吉の妻、淀殿のカルテには、御気鬱によって不食、食が進まないとか、気鬱で胸が痛い、と記されている。このとき、淀殿は〈御年三十余〉。関ヶ原の合戦のとき三十三歳ですから、まさに家康との神経戦のまっただなかといっていい。歴史の渦中にいた人物の貴重な記録でしょう。

酒井　〈気鬱による喘を患う〉とも記されています。つまり、現代的にいえばストレス性の喘息発作でしょうか。そこまで患者の心身をつぶさに診ていたのですね。

実は、秀吉という人物は日本の医学の発展の上で意外な貢献を果たしています。それは、朝鮮出兵なんです。このとき、朝鮮から日本に持ち帰られた書籍は数千巻に及ぶといわれ、大量の医学書もそこに含まれていました。

また多くの日本の医師たちが、武将の侍医として、朝鮮に渡っています。曲直瀬玄朔も、毛利輝元が朝鮮で病気になった、というので、海を渡って診療に行きますね。

磯田　さらには、朝鮮から医官たちも連れて来てしまう。有田焼のルーツは、文禄・慶長の役で日本に連れてこられた朝鮮の陶工たちだといわれていますが、医学においても同様で、人材ごと、進んだ科学技術を日本に取り入れたわけです。西日本の戦国大名の家臣団の系図などを見ても、朝鮮に出自を持つ家が相当の数、みられますね。

酒井　このとき、印刷術も日本に入ってきます。もちろん朝鮮側にとっては大きな災厄ですが、日本の科学や技術に与えた影響は多大なものがあった。

磯田　もうひとつ、朝鮮出兵の医学的な副産物があります。それは性病の蔓延。何十万人という将兵が前線基地である肥前名護屋（佐賀県）に集結するのですが、その多くが妻子と離れ、男たちだけの生活が始まる。しかも、国際的に開かれた港で。これは伝染病が蔓延する最悪の条件といっていい。

興味深いのは、秀吉という人は、そこを見越していたのか、〝正室でも側室でもいいから身の回りの世話をする女を連れてこい〞という指示を出しているんです。それは慧眼だったのですが、〝焼きもちやきなら正室をつれてこい〞と余計なことを付け加えたものだから、正室がついてこなかった武将が多かった（笑）。前田利家も正室のまつではなく、側室を連れてきています。

酒井　梅毒という病気が日本に入って来たのは一五一〇年代。鉄砲伝来より三十年以上も早いんですね。ヨーロッパで流行するのは、コロンブスのアメリカ大陸発見（一四九二年）以降とされていますから、たった二十年ほどでほぼ世界中に広まった。それが日本全国に広まることになったのは、やはり朝鮮出兵が大きかった。梅毒は別名、肥前病とも呼ばれていたほどです。

秀吉の腹心で、朝鮮出兵でも活躍した加藤清正、黒田如水（官兵衛）なども、死に方をみるに、梅毒だった可能性が高い。

磯田　気の毒なのは、家康の次男、結城秀康ですね。戦場では勇猛で知られたのですが、やはり梅毒に罹り、三十四歳で若死にしてしまう。鼻が欠けてしまい、人工のつけ鼻を作っていたという史料も残されています。抗生物質がない時代には一度罹ったら治療方法もない、本当に恐ろしい病気だった。

酒井　あの杉田玄白が最も力を注いだ病も梅毒だったんですよ。『形影夜話』という回想録で、世の中に梅毒ほど患者が多く難治な病もない、様々に研究し、数万人の患者を診たが、結局、無力だった、と告白しているほどです。

磯田　今は国境を越えて、いくらでも病気が入って来る時代です。いわば日本全体が肥前名護屋化している、ともいえるでしょう。

家康は〝上医〟を目指す

酒井　信長、秀吉ときて、次は家康ですね。七十五歳まで生きた家康は、当時としては大変な長寿でした。中国渡来の医学書まで熱心に読み、自ら薬研《やげん》で薬を調合するほど、健康への関心が高かったといわれています。

磯田　私は二〇一一年度まで茨城大学で教えていたのですが、水戸の徳川家には家康が自分で調合して送ってきた薬が、今も残されています。少しだけ服用した痕跡がありましたが（笑）。

侍医の板坂卜斎が書き残しているのですが、家康は関ヶ原の合戦にも二人の女性を伴っていたそうです。なぜ二人かというと、一人が月経になったとき困るからでしょう。鷹狩りにも女性を連れていくので、家臣が諫めた、という史料も残っていますが、家康という人は、一番大事なのは、生き残ること、そして子孫を増やすこと、という価値基準で一貫している。

酒井　ただ私は、家康は単なる健康オタクではなかったと思うんです。というのは、中国の医学に、上医・中医・下医という考え方がありますね。下医というのは、疾医ともいい、病気を治す。それに対して、中医は健康を保つ、今でいう健康医です。現代では、病気を治す医者の方がレベルが高い、というような通念がありますが、そもそも病気にさせない医者の方が上だ、というわけです。そして上医とは国を医する、すなわち国を治めるのが最上の医である、という思想があった。家康の医学への執心には、自ら上医たらんという意識がうかがえます。

磯田　たしかに、家康が生きた戦国の世は、争いが絶えず、人が殺し合うのが常態であるような社会でした。これを終息させ、江戸の平和を拓くことは、どんな薬石よりも人々の命を救うことにほかならない。まさに上医の思想ですね。家康がそういう思想を持ったとすると、私は彼の幼少期に鍵があると思います。よく知られているように、家康は若き日々を今川家や織田家の人質として過ごしますが、今川時代に暮らしたのは清見寺といって、室町時代には「全国十刹」に選ばれた臨済宗の由緒あるお寺です。今川家は古い家柄で、京都五山ともつながりがあった。少年家康はそこで中国直輸入の最先端の学問に触れたのではないか。

家康はあまりにも自分の医学知識に自信があったために、最期は、侍医の診断も聞かず、自らの見立てで薬を飲んで、医師団を困らせたといいますね。

酒井 家康の死因については、鯛の天ぷらで食あたりを起こして死んだ、という説が広まっています。お話としては面白いのですが、天ぷらを食べてから亡くなるまで時間が経ち過ぎていますね。現在の通説では胃がんだったのではないか、と言われています。

実はこの時代には、がんというのは珍しい死に方なんですね。がんというのは、やはり高齢者に多い病気で、当時はそこまで長生きする人自体が多くなかった。しかし、戦国武将には、がんが疑われる人が少なくありません。武田信玄は胃がん、毛利元就は食道がんで亡くなった可能性が高い。

磯田 実は、戦国武将は当時の水準からすると、意外と長生きなんですね。戦国時代、平均寿命はどのくらいだったのかはデータが少ないので難しいのですが、まず幼少期の死亡率が非常に高いんですね。ざっくり言うと、戦国時代は権力者で五十～六十歳、庶民で四十歳といったところでしょう。

酒井　権力者と庶民では食事と住環境がまったく違いますね。それが寿命に反映している。

磯田　庶民の家の多くは、とにかく寒かった。床も張られておらず、床のある家も板の間。畳はところどころに敷かれているだけ。布団もなく、冬でも掻巻《かいまき》という分厚めの着物を重ねる程度でした。栄養状態も悪く、風邪でも引くと、体力のない人から死ぬ。それが江戸時代以前の日本人の標準的な死に方ですね。

酒井　なかでも庶民の間で猛威をふるったのが、「伝屍《でんし》」と呼ばれて恐れられた結核です。今、磯田さんが言われたような環境で、ひとたび結核が流行すると、家族内で次々に死者が出た。

もうひとつ、当時の庶民の有力な死因は「虫」ですね。これも衛生状態が良くないために、寄生虫などに感染して病気になるのですが、病因がよく分からないので、何でも「虫」のせいにしたという面もある（笑）。

磯田　戦国武将で虫に冒されたケースでは、信長に重用された丹羽長秀。口からおそろしく大きな寄生虫が出てきたという史料を読んだことがありますが、その感染経路をたどっていくと、どうやら鶴が危ないらしい。

酒井　鶴ですか？

磯田　鶴は高貴な鳥と考えられていたので、当時の武将たちは鶴を狩って、食べる習慣があったんです。ところが、鶴はタニシを食べますから、タニシの寄生虫にやられてしまう。

酒井　丹羽は持病の胃けいれんがあったようですね。通過障害などの記録もあり、胃がんの疑いもあります。

磯田　戦国武将で、家康に匹敵する長寿を誇ったのが毛利元就です。医学知識の豊富さでも、家康と元就は双璧でしょうね。毛利家の強みは朝鮮半島が近く、最先端の知識にアクセスしやすいという地の利。さらに、朝鮮とのパイプが太く、キリシタンとの交流にも貪欲だった大内氏の領地を引き継いだことも大きかった。加えて、戦国大名のなかでも際立って蔵書の多い家なんですね。あれほど様々な記録を文字化して残している家も珍しい。

酒井　元就はいわば名医コレクターでもあるんですね。大内氏に仕えていた竹田定雅などを抱え、将軍・足利義輝に頼んで京都から半井《なからい》光成を呼び寄せています。さらに曲直瀬道三には診療を受けるだけではなく、自ら医学を学び、腹痛や感冒から眼病、淋病に至るまでひと通りの治療法をマスターした、といわれている。

磯田　孫の毛利輝元も七十三歳まで生きました。徳川・毛利という医学への意識が高く、子孫の生存・繁栄に熱心だった家が、江戸二百六十年を経て、幕末に雌雄を決したというのも興味深いですね。

養生書の伝統

酒井　もう一人、有力武将で長寿が伝えられているのが北条早雲です。一説では八十八歳まで生きた、とされていますが、生年に異説があり、実は六十四歳だったという説もある。いずれにしても、当時としては相当の長命ですね。

磯田　北条早雲では、「早雲寺殿二十一箇条」という家訓が有名ですね。これを読むと、夕方は五ツ（午後八時）までに寝静まるように、朝は寅の刻（午前四時半頃）に起き行水をせよ、などと生活の細かな規範を家臣に命じている。これだけ規則正しい生活を送れたら、健康にもプラスだったでしょう。北条家も長寿の家系で、早雲の三男、幻庵は九十七歳まで生きたと伝えられています。

酒井　先ほどの上医・中医・下医でいえば、病気に罹りにくい生活を指導するのが中医の役割ですね。その点で、影響が大きかったのは養生書です。曲直瀬道三が記した『養生俳諧』は、「酒とても酔はぬ程にて愁い去り心を助け気も通ふ也」「塩辛く熱きを用い其後に冷や酢を吸へば声を失ふ」といった五七五七七で、平易に語ったものです。また玄朔も『延寿撮要』という病気の予防や食事法、生活の摂生などをまとめた書物を刊行し、かなり広く読まれていました。

磯田　玄朔は朝鮮の役の際、『山居四要』という中国の養生書を発見して感動し、自ら要点を書き抜いた書物も編んでいますね。この養生への関心は、日本人全体に浸透していき、江戸中期になると、貝原益軒の『養生訓』が当時のベストセラーになります。

私は、このことの意義は非常に大きいと思うのです。何故いま日本が世界でもトップクラスの長寿国であり、他にあまり例のない国民皆保険を維持できているのか。その根幹には、養生書の伝統が端的に示すような、日本人の健康への強い関心がある。

酒井　今の日本も生活習慣病など慢性疾患による死亡が増えています。その意味では、中医の伝統を見直すことがとても大事ですね。

磯田　まったく同感です。さらに言えば日本史における、〝上医の系譜〟にももっと目を向けてもらいたい。

たとえば幕末に日本初の近代軍隊を作り上げたのは、医者の大村益次郎でした。医師が軍隊を組織するのは一見、矛盾のようですが、大村が体現したのは、外国からの侵略という、これまで経験したことのない危機が迫り、かつそれまでの幕府というシステムがまるで機能しなくなった状況で、何が最も人々を守るために必要なのか、というギリギリの合理主義だったと思うのです。それは〝上医のリアリズム〟といえるかもしれない。

酒井　関東大震災の後、帝都復興計画を作った後藤新平も医者出身ですね。彼は衛生政策でも成果を挙げましたが、伝染病対策などで顕著にあらわれるように、衛生政策においては、時に患者を隔離したり、立ち入り禁止区域を作るなど、人々の自由を制限しなければならない局面もある。その場合も、基本に命があり、それをいかに守っていくかが重要なのです。

磯田　後藤が大胆な復興計画を立案できた背景には、彼が衛生行政を経験していたことが大きいと思います。

私が日本人に思い出してほしいと思うのは、幕末から明治のはじめ、コレラの大流行と闘った緒方洪庵とその一門の医師たちです。当時は抗生物質もなく、彼らは効かないマラリア薬を頼りに医療を行なうしかなかった。当然、医師たちもコレラに感染してどんどん死んでいくのですが、それでも患者の元に駆けつけるのです。それが改善されるのは、時代が下って、長与専斎たちが西洋の衛生学を学び、上下水道の導入に着手してからでした。

酒井　家康が抱いた「上医の理想」を、今の私たちも受け継ぐ必要がありますね。

徳川家康を暴く×徳川家広

保守的なイメージが強いが実は好奇心旺盛
徳川宗家第十九代当主と語り合った
家康の生き残り戦略、組織づくり、人生観

とくがわ・いえひろ　1965年生まれ。徳川宗家19代目当主。徳川記念財団理事長。慶應大学卒業後、ミシガン大、コロンビア大の大学院で修士号取得。著書に『自分を守る経済学』、訳書に『ソロスは警告する』ほか多数。

磯田　このたび（二〇二三年一月）の徳川宗家の当主継承、おめでとうございます。

徳川　ありがとうございます。

磯田　ちょうど大河ドラマ「どうする家康」が始まったタイミングでしたね。普通の家の相続ではありませんから重圧も相当だと思います。家広さんも、ドラマの家康公のように「どうすればいいいんだ」と悩まれたんじゃないですか。

徳川　いえいえ（笑）。いまの日本は、家康が生きた時代に比べれば、平和な世の中ですから。ドラマは、愛知県岡崎市のパブリックビューイングで初回を拝見したんですよ。

磯田　それは岡崎の人たちは喜んだでしょうね。

徳川　いま岡崎にある「三河武士のやかた家康館」の名誉館長をしているんです。さらに浜松市にある「大河ドラマ館」の名誉館長、「静岡市歴史博物館」の名誉顧問も務めていまして。

磯田　どの町も、家康ゆかりの土地ですね。

徳川　ですから、それぞれ地域の立場があって、今日も家康の前半生は語りにくい（笑）。たとえば、「どうする家康」の第二回で、岡崎に帰りたいと主張する家臣たちに、家康が「（生まれ故郷の）岡崎なんぞより（妻と子どもがいる）駿府がよっぽど好きじゃ」

と言い放ったシーンがあったでしょう。駿府は今の静岡ですから、そういうときは私が岡崎に行った時にフォローするんです。「そんな家康公の思いを汲んで良い町にしたから、今の岡崎はこんなに素晴らしいんです」と。

磯田 難しい立場だなあ（笑）。

徳川 以前に岡崎で「なぜ家康公は岡崎で幕府を開かなかったのか」というテーマでお話ししたときには、地元の方が講演後にボソッと「みんな心の中では、その点を疑問に思っているんですよ」と呟かれた。今でも家康への思いが繫がっているのだと驚きました。

磯田 家康のたてた徳川の天下は二百六十年もの平和を保ったわけです。私は家康が暮らした東海地方に一度は住んでみたいと考え、四年ほど浜松に住んでみました。家康が最も長く拠点にし、静岡にも岡崎にも等距離で行ける町です。

実際に住んでみると、「弱者としての家康」を思い知らされました。家康入城時の浜松（引間《ひくま》）城は小さい。北方の武田軍を防ぐため急ごしらえで掘った堀と土塁だけの掻き揚げ城です。家康が生きた時代の感覚では、浜松は全くの他国でした。地元（遠江）の侍たちは、三河から来た〝よそ者〟の家康に付こうか武田に付こうか、じっと見定めていたのです。家康はよくこんな厳しい環境でやっていけたな、と思いました。

徳川　そうでしょうね。

磯田　住んでみて、それまでもっていた「圧倒的に強い徳川」という思い込みがガラガラと崩れました。では、そんな「弱っちい」家康と家臣が、なぜ、どうやって、天下を握り、永続政権を樹立できたのか。そういう目で史料を見るようになって、『徳川家康　弱者の戦略』という本に繋がりました。

家康は「狸」ではなかった

磯田　これからは、家康の人物像についてお話ししていきましょう。早速ですが、家広さんは「家康公」をどんな人物とみていますか。

徳川　家康の実像は、私も「どうする家康」や、磯田さんが話された弱っちい姿に近かったと思っています。家康というと「鳴かぬなら鳴くまで待とうホトトギス」という歌が有名ですよね。ただ、これは「ジタバタせずに、地道に働けば良いことがある」と、江戸時代の民衆を教化するためのものだと思います。同様に、これまで語られてきた家康公についてのエピソードのほとんどは、そんな教育的な意味合いが強かった。

ドラマも同じです。滝田栄さんが一九八三年の大河ドラマで演じた家康はあまりに立派だったので、当時の私なんて外に出たらうつむいて歩いていたほどでしたよ（笑）。それと比べると、松本潤さん演じる家康は、情けなさが非常に心地よい。「この姿の方が正確かも知れない」と思いたくなるわけです。

磯田　家康は、これまで「狸おやじ」というイメージで語られてきました。狸は、死んだふりで相手を騙す狡猾な動物とされていました。家康は、狸のように権謀術数を弄して敵を陥れる嫌なお爺さん、というわけです。

徳川　私は、これも意図的に作られた家康像だろうと思っています。家康は、当時にしてはとても長生きで、七十五歳まで生きました。あの時代、そもそも「おやじ」は珍しかったんです（笑）。

あと、狡猾だというのは、豊臣贔屓《びいき》の人が言っていたのではないかと思いますね。

磯田　そうかもしれませんね。家康は豊臣政府の年寄（家老）を律儀に務めていたのに秀吉死後は一転。仕えていた秀頼を攻め殺し、豊臣家を滅ぼしてしまう。豊臣の家臣であった連中にすれば「狸に裏切られた」と言いたい気分になった。それも分からなくはない（笑）。

徳川　司馬遼太郎さんの小説『城塞』の中でも、家康が家臣たちと一緒に、秀頼を陥れるための謀略を練っているんですよ。ただ本当は、家康が自分の意思だけで豊臣を亡ぼしたとは考えにくいんですけどね。家康が徳川幕府を開いてからは、皆で話し合いをして決める「大名共和制」だったとみています。

磯田　私はもう一つ、「狸おやじ」論が出てくる源泉を知っています。それは天皇や公家。彼らは豊臣家のことが好きでした。たとえば後陽成天皇は、気前の良いパトロンだった豊臣家のおかげで、豪勢に暮らしていた。家康が秀頼を攻めると、後陽成天皇が「なんてヒドいことをするんだ」と問い詰めたふしがある。こうした「家康嫌い」の感情が色んなところで積み上がって「狸おやじ」像を作り上げたのでしょうね。

家来にズケズケ言われ……

徳川　「どうする家康」では、家臣の三河武士たちからズケズケと意見を言われる「弱い家康」の姿が描かれていますよね。家康は鬱陶しそうにしますけど、家臣たちの声をしっかり聞いている。これまでの家康のイメージとは違うかもしれませんが、ずっと真実に近いと思います。

磯田　そういう魅力のある人物だったのでしょうね。江戸時代の記録に残された伝説をみると、例えばこんな話がある。
あるとき家康が自分の狩り場で勝手に狩りをした家臣に激怒して、土牢に閉じ込めたことがあった。すると、それを知った家康の家来が、家康がご馳走にとっておいた池の鯉と清酒を飲み食いしてしまった。家康は激高して薙刀を持ってその家来を追いかけ回すのですが、家来は言い返す。「殿は、人より獣を大事にするのか。もう殺されてもいいから盗んで飲み食いする」と。その言葉に打たれた家康は、牢屋にいた家臣を解放した、といいます。

徳川　家康と家臣たちとの間に、強い信頼関係があったことが分かりますね。三河は、西の織田家、東の今川家、北の武田家と、強国に囲まれた弱小国でした。そういう環境で、同じ釜の飯を食い、同じ鍋の味噌汁をすすってきた経験が三河武士たちにはある。だから、家康への忠誠心も厚いんです。

磯田　司馬遼太郎さんは、家康には愛嬌があると言っています。僕は愛嬌というか、どこか滑稽さがあるような気がするんです。「どうする家康」で徳川家臣団の一人、鳥居忠吉を演じているイッセー尾形さんに会ったとき、「家康と家臣団にはユーモアがありますよね」と話されていましたが同感でした。

さきほどのエピソードでも、家康が家臣を本当に殺す気だったら、刀や槍を持つはず。刃がやたら大きい薙刀を持って、城の中で家臣を追いかけまわしている家康を思い浮かべると笑ってしまいますよ。

徳川　できすぎたエピソードですが、三河武士たちの雰囲気をよく表していますよね。

磯田　大坂の陣のころになると、ほぼ信じて良い会話が史料から拾えるんですが、たとえば大坂城攻めの陣中で、家康が自分を英雄化するために「俺は薬師仏の生まれ変わりだといわれている」と話すんですが、横にいた家臣の本多正信が「家康公が薬師様なら、僕は脇侍の仏だね」と言って家康含めてみんなでニヤニヤ笑っていたという逸話が残っている。割とユーモアのある集団なんです。

徳川　そのユーモアも、信頼関係の賜物だと思います。

磯田　まあ、命を落とすかもしれない恐怖の中で、笑いでもしなければやってられない、のかもしれませんが。

徳川　冷戦時代の、ソビエトジョークみたいな話ですね（笑）。

磯田さんのお話を聞いていると、家康の家臣たち一人ひとりの個性も見えてくるようで面白い。実は、私には、彼らにそこまでの個性が見えていなかったんです。「徳川四天王」

と呼ばれる酒井忠次や井伊直政といった優秀な武将はいましたが、戦いにおいてはチームワークが良すぎて、個の能力が際立たない。誰かがミスしたら、別の人がさっとサポートに入る。そのくらい密な関係だった。三河武士たちの間には、そういう優れた「チーム文化」がありました。

磯田　歴史学者の目から見て、同じ三河の風土から出た世界企業・トヨタと徳川は似ていると感じます。トヨタの社風もグループの結束が固く、創業家が軸だが、時々トップを生え抜きの「御家老」に預ける。チームの力で〝グローバル企業〟にのし上がる。不思議なものです。

家康の女性観とは？

徳川　そもそも家康の人生は、どん底からのスタートでしたね。母・於大《おだい》と三歳で生き別れ、父・広忠とは八歳で死別しています。

磯田　家臣たちからの信頼は厚かったものの、家庭の面では大変に苦労しましたね。家康は、今川家での人質時代に今川の親戚である築山殿《つきやま》（瀬名）を正室とします。大河ドラマでは有村架純さんが演じていますが、織田との同盟によって、彼女との関係は修復不可能になってしまいます。

徳川　この経験が辛すぎたのか、家康にはその後、色恋の匂いがあまりしない。そこが今回の大河では盛り上がりに欠けるのではないかと心配しています（笑）。

磯田　どうなりますかね（笑）。

徳川　今回の大河では母・於大がとても強くて、今風でしたね。家康と女性との関係では、秀吉の正室だった北政所と仲が良かったと言われることがありますけど、あれは政治的な関係に過ぎないですし。家康の女性観については、むしろ磯田さんにお伺いしたいところです。

磯田　若き日、妻子と過ごした駿河での幸せな時間は、ずっと死ぬまで想っていたと思います。その後の家康は、新しい占領地のお嬢さんを次々と側室にします。それも、確実に子どもが欲しいから、出産経験のある女性をしばしば選ぶ。彼女たちから新しい占領地の内情を聞き出す目的もあったのでしょう。とにかく、女性の選び方が実利的になっていきました。

徳川　政治や家が優先されて、本人の女性の好みは全然見えてこないですね。

磯田　それでも、気働きのある女性は好きだったようです。関ヶ原の合戦のとき、家康が「鎧を着る」となったら周りの女性たちが気配を察し合って、さっと鎧を着せたという目撃談が、家康の侍医・板坂卜斎の記録に残っています。家康が血判を押すときには、そばにいる女性が自分の指先を切り、その滴った血を使っていたという俗説もある。真偽はともかく、そんな噂が出るほど、家康は女性にとっても「この人になにかしてあげたい」と思わせる殿様だったのでしょう。

強みは「好奇心」

磯田　ここまで家康の人物像について話してきましたが、さらに「弱い家康」がなぜ天下人になれたのかについて考えたいと思います。

私は、キーワードの一つは「好奇心」だと思います。保守的なイメージのある家康ですが、実は好奇心がすごい。さらにその好奇心を、しっかり自分のために活用できたから滅びなかった。

例えば、天正二（一五七四）年、浜松の浜辺に明の船が漂着したことがありました。これを聞きつけた家康は、船に乗っていた中国人をすぐに呼び寄せ、銭と糸の貿易を始めた。家康が武田軍に三方ヶ原の戦いで大敗を喫して、まだ一年ちょっとしか経っていない時期です。中国人は、浜松で当時の先端医療を広めました。家康自身、背中にできた瘤《こぶ》を外科的に切除しています。諸説ありますが、執刀医は中国人だとする史料も残っています。

徳川　まったく保守的ではないですよね。それから、応仁の乱以前の日本は、海外との貿易に熱心でしたが、戦国時代に突入すると規模が縮小してしまう。家康は、その復興に目を向けていましたね。

磯田　ほかの戦国武将と比べても、各段に視野が広かった。家康に京都から「九年母《くねんぼ》」というミカンが送られてきた時のエピソードも興味深いです。「九年母」は、沖縄よりも南側で作られた、当時最高級の果物です。家康はこの貴重なミカンを、関東の北条氏直に届けました。外交用として使ったのです。すると「九年母」を知らない氏直は伊豆半島も全部支配下に置いているから「ミカンなら俺のところにもある」と、領地で穫れた普通のミカンを家康に送り返し、〝ミカンマウント〟を取ってきた。当時のミカンは、品種改良されていないから、すごく酸っぱいんですが。

徳川　それは面白い。

磯田　そのミカンを受け取った家康は、氏直は若いにしても家老たちは大丈夫なのかという意味で「粗忽」と書いています。要するに「北条も長くは続かないだろう」と。好奇心が強くない家は滅ぶんです。実際、その後すぐに、北条氏は秀吉と家康によって倒されます。

その他にも、家康が鉛筆や時計、さらに眼鏡も使っていた、という話が残っていますが全て事実。強い好奇心から、世界中で最も良いもの、役に立つものを探して、自分の力を高めることができたのが家康の面白さです。

徳川　まったく同感ですね。信長や秀吉も好奇心が強いイメージですが、家康の場合は、好奇心がある上に周りの人の言うことをよく聞くんですよ。最初の活版印刷だって家康がやっていますよね。イエズス会の宣教師や朝鮮からもたらされた技術を使って、活字印刷をすすめ、多くの書物を出版しています。ただ、漢文を読める人が少ない時代ですから、あまり需要はなかったようですが。

磯田　先見の明がありすぎたんですね（笑）。日本に漂着してきたイギリス人航海士の三浦按針には、関ヶ原の合戦を用意している時期に「お前が乗ってきた西洋帆船のミニチュアを作れ」と命じている。彼には「北方航路を開発しろ」とも命じていますね。まだ北米大陸の形もはっきり分かっていなかった時代に「北方の海を越えればヨーロッパに行けるかもしれん」と家康は言っている。凄まじいことです。

徳川　保守的でないから「気付き」もある。「関東平野と東北地方を開拓すれば、外に攻めていかなくてもいいんじゃないか」と気付くことが出来たのも家康。これは信長や秀吉と決定的に違います。

当時の江戸は、京都からは「蛮夷《ばんい》のすむような僻遠《へきえん》の土地」と認識されていましたから。それでも家康は東国の可能性に気付いていたから、江戸に入ることにも前向きだった。

磯田　「徳川四天王」の一人、本多忠勝あたりは、「あんなところに行ったら、天下を争えなくなる。左遷だ」と相当に不平を漏らしたようですね。でも、『置かれた場所で咲きなさい』というベストセラー本がありましたが、家康が東国でやったことはまさにこれ。中世前期は、ほったらかしの農業も多かった。土地が痩せると、別の田んぼや畑を耕し、そこが水害にあったら、また他の田畑へ移る感じです。一方、家康は与えられた東国で治水をやり、運河を掘り、田畑を開発して、生産を高めていった。そうやって置かれたところで咲くことができた。

徳川　そこで鍵になったのが、旧武田の家臣団でした。彼らは、甲信の山奥で大規模な土木事業を行なってきた経験があるので、それを関東でも活かすことができた。この役割は大きかったはずです。

磯田　軍事力の側面でも、江戸を選んだのは合理的でした。江戸に行く前の徳川の石高は、だいたい百五十万石。江戸に行けば、そこに百万石が加わることになり、これは非常にありがたい。二百五十万石というと、当時の「百石四人役《ひゃっこくよにんやく》」で動員できる兵力で言えば十万に達します。かりに国元に二万の兵を置いておくとしても、八万で外に攻めていける。当時としては非常に強力で、その規模の兵力を持てば滅ぼされることはない。

徳川　家康が保守的で、東海地方にこだわって留まっていたとしたら、関東には豊臣家に忠実な家臣が入っていたかもしれない。となると、家康は東と西の両側から挟み撃ちにされてしまう。東国に行くことで、生存の確率がグンと高まったわけです。

磯田　好奇心旺盛で、保守的でない家康らしい気付きですね。

みんな秀吉に疲れていた

徳川　家康が天下をとれた背景を考えると、秀吉がもたらした社会の変化も見逃せませんね。

秀吉は、東アジアを征服しようと、二度の朝鮮出兵で十五万人もの軍勢を朝鮮半島に送り込みました。当時の日本の人口は約千数百万人。これだけの軍勢が海を越えて闘ったら、動員された大名たちは、おそらく破産状態だったろうと思います。

磯田　国内で動員された支援部隊や兵糧準備もいれたら、その数は四十八万人とする史料まであります。国家の規模を考えると、むちゃくちゃですよ。

徳川　それでも、あの秀吉がすることだから、大名たちも最初は「唐入りは上手くいくんではないか」とまで考えていた。家康も当初は怯えていた様子があります。

磯田　秀吉の真の狙いは、日本の天皇を超える出世にあったと思います。日本という一国の「王」ではなく、たくさんの王を統べる「アジアの帝《みかど》」になろうとしたのではないか。だから、秀吉は朝鮮半島だけではなく中国や琉球まで狙っていました。秀吉は朝廷のパトロンだったと言いましたが、国内で天皇位を奪わなくても、周辺国を獲れば、日本でも天皇より上、朝鮮王、琉球王より上の「メタ秀吉」皇帝として君臨できると考えたんでしょう。

徳川　結局、朝鮮出兵は、秀吉の急死で中止になりますが、それでも、日本全体としては「外で戦ってみたら意外と善戦できた。もう一回、攻め込んで次こそ勝とう」という圧力が根強くあったと思います。

磯田　対外侵略で武功を立ててのし上がりたいという朝鮮出兵の余韻が残っていた可能

性はありますね。

徳川　一方で朝鮮に渡らされた大名たちからすれば、経済的な負担も重くのしかかるし、次こそは命を落とすかもしれない。「そんなのまっぴらごめんだ」というのが、彼らの本音ですよね。

磯田　その思いが、家康側について豊臣家を亡ぼす原動力になったというわけですね。歴史家の切り口とは違いますが、それはあり得るでしょうね。

徳川　秀吉の時代は、厳しい競争社会だったので、次第に社会は疲弊していきました。その一方で、百姓出身の秀吉がチャンピオンに上り詰めたように、「ひょっとすると俺も」という若者が大量発生してもいました。そこに朝鮮出兵が重なって、武士たちは「もうたくさんだ」と感じていたでしょう。彼らはどこかで、家康の永続的な平和思想を求めていたのかもしれません。

磯田　家康は古いものを侵害せず、なるべく共存を目指します。私はこれを家康の「棲み分け戦略」と呼んでいます。できるだけ相手の権益との衝突を避けて、それが無理な時にだけ徹底的に戦う。家康は、信長との同盟時代に「信長は西」「家康は東」と棲み分けた経験から学んだ。これが天下人となった家康の思想の基本戦略だと思うんです。

徳川　同感です。京都の朝廷・公家も、家康は積極的に保護しています。その点、信長や秀吉は天才ではあるけれど、自分の行動が世の中に与えるインパクトに無頓着なんですよね。

磯田　信長と秀吉は〝バケモノ〟で、あまりに能力が突出しているので他人も傷つけてしまう。

徳川　周りの人たちが、そういう自分をどう見ているかも、まったく気にしない。

磯田　権力にはすべて毒性があります。程度が違うだけで、力は他を害せるものですから。私たちは新型コロナウイルスで、「強毒性」「弱毒性」の二つのウイルスの違いを学びました。強い毒を持ったウイルスは、宿主を完全に破壊してしまうので長く生き残れない。一方、コロナのように弱いウイルスだと体のなかで共存できる。賢い戦略なんです。信長や秀吉は、いわば新型で強毒性だから長続きしない。家康は弱毒だったから二百六十年も続く徳川幕府を作れた。「ウィズコロナ」ならぬ、「ウィズ家康」なんです。

徳川　それはうまい（笑）。家康は、信長と秀吉の天下が長続きしなかった理由を考え抜いたのでしょうね。

「永続」を願う死生観

磯田　信長・秀吉との比較でいうと死生観も全く違う。今回の新刊で是非とも書きたいと思っていたのが「家康の死生観」なんです。

信長や秀吉の考え方をひとことで言えば、「今だけ、金だけ、自分だけ」。だから、秀吉の辞世の句も、「露と落ち露と消えにし我が身かな浪速のことも夢のまた夢」。一代で天下をとっても、死んだらすべて夢のようなものだと詠んでいます。信長は本能寺の変で急死したので、辞世の句はありませんが、「死のうは一定《いちじょう》」という歌を好んでいました。人間、誰しも最期は死が訪れる、死んだらそれまで、という死生観なんです。

徳川　家康の人生観でいうと、旗印に掲げた「厭離穢土、欣求浄土」が有名です。仏教を篤く信じることで、汚れたこの世から極楽浄土に生まれ変わることができる、という浄土宗の思想です。

磯田　そうですね。家康が考えた生まれ変わりとは、自分が死んでも、太陽が沈んで昇るように何度も現世に戻ってくることです。十九世紀に徳川幕府が編纂した『徳川実紀』には、こんな家康の辞世の句が載っています。上の句は「嬉しやと二度《ふたたび》さめて一眠り」。もう目が覚めることはないと思っていたら、嬉しいことに現世に戻ってくることができた。

なんです。

さあ、もう一回眠ることにしよう。こんな風に、家康にとって死後の世界と現世は地続き

徳川　世界を永遠に続くものと捉えていたんですね。

磯田　家康は、この世界にまた戻ってくるつもりだから現世が汚れていては困ります。

だから、家康は世の中を極楽浄土のように平和にしようとしたわけです。

徳川　家康が目指したのは、仏教の教えが隅々まで行きわたる社会でした。争いごとを

やめて、みんなで仲良くのんびり生きていこう、と。

磯田　それで思い出したんですけど、今日は、家広さんに差し上げたいと思って家康関

連の古文書をもってきました。

徳川　ほう、どういう内容でしょうか。

磯田　家康の名前で書かれた文書で、「黒本尊の力で危難を逃れ、神通力で敵をやっつ

けて地方を鎮め……」云々と書いてあります。要は、仏さまのおかげで、私は世の中を平

和にすることができた。だからみんな仏さまに感謝して、仏教の教えを疑うことなく、

「南無阿弥陀仏」と唱えなさいと。これ値段は二千円。ニセモノというか写しなんです。

徳川　たしかに筆跡が違うね（笑）。

磯田　ただ、これが意外と、家康の本質を突いていると思います。江戸時代の人々は、家康が仏教にもとづいて争いのない世の中を作ってくれたと信じていたからこそ、こういう文書まで生まれたんだと思うんです。

まあ、天下を取った後に「争いごとをやめよ」というのも、家康にしてみれば美味しい話なんですが（笑）。いずれにしても家康は、それまで社会に充満していた「自分本位」と「競争」のエネルギーを破壊した人なんです。上を望むことは「僭上《せんしょう》」である、つまり「思い上がりはもう捨てよ」と。その代わり、大名が領土拡大を狙ったり、領民が一揆をおこしたりせずに自らの「分《ぶん》」を守っていれば、生活は保障してやると。こういう仕組みを作り上げたのです。

「家意識」も徳川が作った

徳川　家康が作った、江戸時代の社会の特徴は、いまの日本にも受け継がれていますよね。

磯田　私もそう思います。勤勉さもそうですが、大きいのは「家意識」。ほとんどが結婚して、土地と家を共有し、自分たちのお墓を持ちます。日本の仏教にも宗派はありますが、実は日本人が「仏さま」といって信仰しているのは、ほとんど「ご先祖さま」のこと。浄土真宗などの宗派を除けば、日本人が信じているのは「先祖教」なんです。

徳川　「家」を重んじるから、宗派の違いにも寛容ですよね。夫婦でお互いに別のお寺にお参りにいっても衝突することはありません。江戸時代の「共存」の知恵ですね。

磯田　日本人は「家格」にも敏感ですね。代々続いてきた家に誇りを持っている。日本には世襲政治家が多いのもそのせいでしょう。

徳川　子どもが死んでしまった場合は、他から養子をとってでも家を存続させてきました。

磯田　家広さんも、徳川宗家の当主を継承する「継宗の儀」の会見で「父が守ってきたものを、未来へつなぐ」とおっしゃっていましたね。あれは、江戸時代にできた「家の永続」という発想でしょうか。

徳川　実は、儀式が一週間後に迫ったところで、ようやく考えたんですけど（笑）。

磯田　そうだったんですか（笑）。でも、「つなぐ」という発想は、いまの家広さんにも引き継がれているのだと、非常に興味深く思いました。

「今だけ」になった日本人

徳川　残念ながら、戦後になると日本人から「つなぐ」意識が薄れてきたと言われます。最近では「一生独身でいい」「お墓もいらない」という考え方も広がっています。

磯田　「墓じまい」が流行っています。ひょっとすると、信長や秀吉時代のような「今だけ、金だけ、自分だけ」の「新しい中世」に向かっているのかも知れない。ただ、競争社会は安心感を与えてくれない。信長と家康の関係をみても、一歩間違えばブラック企業そのものです。それでは、誠実に働いている人たちが、自分の人生をいいようにされかねない。

徳川　ただ私は、将来については割と楽観的に考えているんです。日本社会を根底から揺さぶっている経済の低迷も、いつかは良い方向に向かうでしょう。そのときには、先祖を大事にして、異質な人々とも共存を目指す価値観も戻ってくるのではないかと思います。

磯田　徳川幕府を二百六十年も存続させたのは、「個人の安心」と「家の永続」でした。これを日本人は思い出すべきかもしれませんね。

幕末最強の刺客を語る × 浅田次郎

これまで描かれなかった新選組「最後の大物」
白刃ひらめく幕末の京都から
西南戦争を生き抜いた男の軌跡

あさだ・じろう　1951年生まれ。作家。『地下鉄《メトロ》に乗って』で吉川英治文学新人賞、『鉄道員《ぽっぽや》』で直木賞、『壬生義士伝』で柴田錬三郎賞、『お腹召しませ』で司馬遼太郎賞など受賞多数。2015年紫綬褒章受章。

新選組三番隊組長・斎藤一と「夢録」

磯田　二〇一一年一月に上梓された浅田さんの『一刀斎夢録』を非常に面白く拝読しました。新選組三番隊組長・斎藤一《はじめ》を主人公として、幕末維新を描かれていますが、斎藤一は局長の近藤勇や副長の土方歳三に比べると、残された記録が少なく、私のような歴史学者にとっては、摑みどころがない、謎に包まれた人物でした。でも、この小説を拝読したら、斎藤一こそが幕末最強の剣士だと深く納得させられました。

まず、タイトルに痺れました。「夢録」は新選組を少しでも知っていれば、心を震わせずにはいられない言葉ですからね。斎藤は「夢録」という回顧録を残したとされているのですが、まだ発見されていない。もし、この幻の書物が出てくれれば、本当に読みたくて仕方がありません。

浅田　子母澤寛さんが『新選組遺聞』のなかで、原田左之助が楠小十郎を斬ったときの証言が、斎藤一が口述した「夢録」に記されている、と書いたことがすべての発端ですね。僕も若いころから「夢録」の存在を信じ続け、憧れ続けてきました。でも、子母澤さんは読んでいるはずなのに、「夢録」が言及されているのは、このくだりだけなんですね。だから、今では子母澤さんの創作ではないかと思っています。ところが、ないと思いはじめると、必ず新選組の新発掘史料が現れる。一九九七年に二番隊組長・永倉新八の幻の手記といわれていた「浪士文久報国記事」が発見されました。そんなことがあると、やっぱりあるのかなと思ってしまう。でも、今のところは見つかっていない。では、自分で書いてやろうという気持ちになったんです。

磯田　浅田さんは斎藤一に乗り移り、作家の想像力を使って幻の「夢録」を見事に蘇らせてくれました。斎藤は明治維新後、警視庁に入り、高等師範学校の守衛を経て、隠居します。小説は明治天皇が崩御したころ、斎藤が陸軍の梶原稔《みのり》中尉に対して、己の生きてきた歴史を語り聞かせることで展開していきますが、私は冒頭から斎藤が異形の武士であることがはっきりと示されていたと思います。梶原中尉が「先生のご本名を伺いたくあります」と眦《まなじり》を決して尋ねると、斎藤一は「本名などありはせぬ。人の命を奪えばそのつど名は変えねばなるまい」といいますね。普通の武士は、こんなことはいいません。なぜなら、武士にとって、一番大切なのは「名」だからです。先祖代々伝えてきた名字を武功によって輝かせて、家名を後世に伝えようとする。それなのに斎藤は、名前を姓も含めて何度も変えていて、「名」にまったく執着していない。そのことが斎藤という人物の核心にあると気づかされました。斎藤の父親は、明石藩の浪人と記されていることが多いのですが、どうやら足軽だったようです。足軽というのは農民や町人のアルバイトだから、元来、名字を持っていなかった可能性が高い。

浅田　『一刀斎夢録』では、斎藤一の父親は明石藩の江戸屋敷に奉公する「中間《ちゅうげん》」(下僕)で、「山口」という御家人株を買って、武士になります。父祖代々の姓ではないから、執着しないと書きました。

でも、斎藤一という人は、とにかくものを残していない人なので、来歴が杳《よう》として摑めないですね。意外とおしゃべりで筆まめな永倉新八とは対照的で、手紙ひとつ、筆跡すら残っていない。写真も西南戦争に出陣したときに撮った一枚しかありません。それだって本人かどうかはっきりわからない。

磯田　永倉新八は松前藩のいい家柄に生まれて教育水準が高いから、文字をよく書くんです。でも、斎藤一は自ら筆を執ったことはないでしょう。幕末の志士たちは、様々なかたちで身分社会に対するレジスタンスを行ないますが、かろうじて武士となった斎藤にとって、その手段は人を斬ることだったのでしょう。どんなに偉そうな人間だって、斬ってしまえば「どうせ糞袋だ」と。これはいい科白《せりふ》ですね。

龍馬を斬ったのは誰か？

磯田　斎藤一が梶原中尉に出会ってまもなく、坂本龍馬を斬った顚末を語りだしたのには、驚かされました。

浅田　斎藤が龍馬を斬ったというのは、暴論ですけど、根拠はあります。それは龍馬が額を割られていた、ということと、斎藤が居合の達人だったと考えられることです。龍馬が額を割られて脳漿《のうしょう》が出てしまうほどの致命傷を負ったとすれば、龍馬と暗殺者がお互いに立っていたとは考えられません。両方が立っていたら、致命傷となるほどの一撃を額に与えることはありえないからです。立ち合いでも、いきなり横面を払うということはまずありません。つまり、暗殺者は立って龍馬に斬りかかったのではない。そこで暗殺者が居合の達人だった場合を考えてみました。居合の初発刀といわれる「一の太刀」は右足を踏み出して横様に払います。それで、「二の太刀」で縦に振りかぶって斬ります。つまり、暗殺者は火鉢だかお膳だかを挟んで龍馬とお互いに坐り、居合の「一の太刀」で龍馬の額を割った。龍馬の前に居合の間合いで坐れるとしたら、それは龍馬がすでに知っている人、ということになります。そのような推理に基づいて、斎藤一説を組み立てていきました。

斎藤一が居合の達人だったことにも有力な根拠があります。新選組が刀を研ぎ師に出したときの史料が残っているのですが、それを見ると、斎藤の差料《さしりょう》は池田鬼神丸と河内守国助です。いわゆる大坂新刀といわれるもので、寸が短くて反りが強い。坐ったままでも抜きやすいので、今でも居合をやる人に好まれます。それを持っていたということは、斎藤は居合の人だったと考えられます。

磯田　私も低い位置から斬りつけたというご意見は大切だと思います。静止状態で坐っていた人間に斬られたとは考えにくいと思いますが。私は『龍馬史』にも書きましたが、実行犯は見廻組以外にないと考えています。

坂本龍馬は豪商のお坊ちゃんだった

浅田　磯田さんは『龍馬史』で、新選組犯行説から薩摩藩黒幕説まで、龍馬暗殺についての諸説を検証されていましたが、龍馬の実像を実証的に炙り出していて、大変面白かったです。

磯田　どこかの二階でどぶろくを飲みながら天下国家を語っている素浪人のようなイメ

ージがありますけれども、実はお坊ちゃんなんですよね。尋常な金銭感覚ではありません。ピストルを持っていたことは有名ですが、一丁いくらぐらいだと思いますか。普通のライフルの小銃が一丁三十両、今でいうと九百万円ぐらいで、拳銃のほうが高いですから、一丁で数千万の価値があったはずです。その拳銃を自分が一丁持ち、妻のお龍にも一丁あげ、姉に欲しいといわれたけど、あげない、という手紙が残っていますから、二、三丁は持っていたことは確かです。

龍馬の家の年収を算定してみたんですが、四千万円はないとおかしいという結果が出ました。龍馬の本家は才谷屋《さいたに》という土佐屈指の豪商で、上級武士たちが頭を下げてお金を借りにくるような家でした。龍馬が生まれた坂本家は、才谷屋が郷士株を買って作った分家でした。

浅田　その収入はどのような内訳だったのですか。

磯田　まず藩からもらうお侍としての収入が約三百万円。それに十ヘクタール以上ある所有地からの小作料、キャッシュで持っている数億円程度の金融資産の利息を合わせると、最低でも四千万円になるんです。しかも家の面積は五百坪もあって、茶室までありました。龍馬は家老に準ずるクラスの武士と同じような屋敷と料理で育ったんです。下級武士で虐げられた男とは、とても思えないですよね。

浅田　わかるなあ、それ。大それたことをする人間は、そのパターンが多いんです。つまり、子供の頃から大きいことに慣れている。一方で、細かいところでセコかったりする。資産を守らなければ、という気持ちもあるからでしょう。

磯田　ええ。海援隊が大洲《おおず》藩から借りてきた「いろは丸」が紀州藩の「明光丸」と衝突して沈没した「いろは丸」事件のときの賠償金交渉などでは、がめつかったですね。お金に興味のある男ではないのに、お金の交渉をするときにはものすごくセコくなる。

浅田　脱藩してからの収入も、実家からですか。

磯田　いや、海援隊のお金だと思います。海援隊は、一回の取引で一、二千丁の銃を運んで売っています。それを何十回と繰り返していますので、海援隊の経済活動の規模は数十万石の大名に匹敵していたと考えられます。龍馬の発言力は、それで担保されているんです。ただの素浪人だったら、西郷も大久保も相手にしませんよ。

浅田　身なりは汚いけど、無視できないセレブなんですね。

磯田　今でいうと孫正義さんなんかに近い存在でしょう。孫さんが龍馬が大好きなのも、うなずけます。

浅田　龍馬のすごいところは、武士なのに銭を不浄なものと考えないところです。武士が自分で堂々と商売をするのは、革命的なことですね。

磯田　これまで話してきたように、色々な意味で、侍の枠組みから外れた人です。主君への忠義にも縛られていないところもあります。そもそも龍馬の祖先は明智光秀の関係者だったので、京都周辺に住むことができなくなり、土佐へやってきた人といわれています。主君殺しの関係者ですから、忠孝思想なんてものを振り回すと坂本家は自分たちの存在意義がなくなってしまいますからね。

幕末維新の志士たちのなかでも、一人だけ現代にいてもおかしくない人物です。手紙を書く相手も父親や兄ではなくて姉で、ひたすら政治の話をするんです。姉宛てに限らず、どの手紙も時候の挨拶も何もなしに、いきなり本題から入る、当時は相当失礼な手紙です。誰に対しても、そういう書き方をすることに龍馬の人との接し方がよく現れている気がします。

浅田　破天荒な人ですね。それを嫌った人が暗殺したのでしょう。

磯田　『一刀斎夢録』のなかでは、新選組を脱退し、高台寺党を結成した伊東甲子太郎《かしたろう》が、斎藤一に龍馬暗殺計画を持ちかけますね。それは薩摩藩の意を汲んだもので、龍馬暗殺を「新選組のしわざと見せかければ、土佐をはじめ龍馬に私淑する在京の勢力は報復に出る。相討ちとなれば武力倒幕への道が拓かれる」というシナリオが描かれていました。私は薩摩藩黒幕説は採りませんが、龍馬暗殺後には、まさに浅田さんが書かれたことが起こったんです。つまり、龍馬暗殺を契機に土佐藩には佐幕派勢力もいたのに、会津憎し、幕府憎し、新選組憎しになって、藩内の空気が一変し、藩論が倒幕で一致してしまった。それを薩摩藩はいち早く察知して、西郷隆盛は「不幸中の大幸」だと手紙に書いています。これをもって、薩摩藩が龍馬暗殺を指示した証拠とする人もいますが、それは誤読です。龍馬は失ったが、意外にも土佐藩が薩長側の倒幕派になったのが、土佐にとってはよかったといったのです。『龍馬史』で私は龍馬暗殺の黒幕を会津藩としましたが、龍馬暗殺は先ほど話したように会津藩の目論見とは正反対の政治的結果をもたらしました。なぜなら、会津藩は龍馬を斬れば、倒幕への流れを堰《せ》き止められると考えていたからです。

浅田　龍馬のやった事跡だけを見て、龍馬の人柄を読み違え、土佐藩での彼の人気を勘定にいれていなかったのでしょうね。龍馬には多分、人たらし的なところがあったと思います。

斎藤一の会津藩への憧れ

磯田　斎藤一による龍馬暗殺は最初の見せ場ですが、その後、斎藤は鳥羽伏見の戦いに始まる戊辰戦争に幕府軍の一員として参加していきます。甲府、白河と敗走を重ねていきますが、斎藤は会津藩が降服した後、新選組を離れて会津藩にとどまります。土方歳三らとともに蝦夷には向かわなかった。しかも、明治に入って、会津藩が潰されると、家名存続のため下北半島に設置された斗南《となみ》藩にまで同行しています。そのような行動を斎藤にとらせたのは、会津藩の武士に対する強烈な憧れだったと思います。それは斎藤だけのものではなくて、江戸時代の武士は、西の彦根藩と北の会津藩の武士を、幕府を守るための美しい侍らしい侍と考えて仰ぎ見ていました。

会津藩が幕末に異様な輝きを放ったのは、田中玄宰《はるなか》という天才家老が「日新館」という学校を作り、幼少のころから徹底的なエリート教育を行なったからです。たとえば、当時の最高学府である江戸の昌平坂学問所には、全国から秀才が集められていましたが、そこで首席にあたる学寮の「舎長」を会津藩は四人も輩出しました。そのような藩は他にありません。

斎藤は明治維新後、会津藩大目付だった高木小十郎の娘と結婚し、息子を会津藩家老で松平容保《かたもり》に仕えた田中土佐（玄清《はるきよ》）の孫娘と結婚させています。田中土佐は会津藩を会津藩たらしめた田中玄宰の子孫です。玄宰の係累になったとき、おそらく斎藤は何事かを成し遂げたと思ったでしょう。

斎藤が警視庁に入るときに出した履歴書が残っていますが、「福島県士族」と書いてある下に「旧会津藩」と自ら補足してありました。しかし、明治政府は旧会津藩士を国にとっての危険分子とみなしていました。

浅田　会津藩を滅ぼすことで、新政府ができたのだから、当然でしょう。

磯田　それがわかっているのに、斎藤一はわざわざ記入している。普通は「○○県士族」までしか書かれていなくて、「旧水戸藩」とか「旧岡山藩」なんて書きません。きっと、会津に召し抱えられていたことに誇りを持っていたのでしょう。たった四文字の言葉に語られなかった彼の熱い想いを感じました。

ですから、『一刀斎夢録』は足軽の息子が人を斬ることで身分体制を覆し、憧れの会津武士になる物語でもあると思いました。『壬生義士伝』『輪違屋糸里』、そして今回の『一刀斎夢録』と、浅田さんの新選組三部作は、いずれも武士ではなかった人が本物以上の武士になっていく話ですね。

浅田　結局、新選組というのは、コンプレックスの塊なんですよ。学者が研究対象にしないのもよくわかります。歴史的な存在意義はないんです。俗に池田屋騒動が維新を十年遅らせたというけれども、そんなのはファンの身びいきですよ。では、あの人たちは何だったのかというと、何者でもない（笑）。それが小説家の心をくすぐるわけです。

磯田　何者でもないけれど、制服も奇抜で、新選組と同じく京都を警備していた見廻組とは比べ物にならないくらい目立つ集団だった。そして、何よりも恐れられていた。物語の主役にしたくなるのも無理はありません。

浅田　見廻組は旗本や御家人の次男坊、三男坊で構成されていて、武士のスタイルとは、どういうものかを最初から知っているから、お行儀がよくて、地味だったと思うんです。

それに対して、新選組は近藤勇をはじめ、武士以外の身分の出身者が多いから、既成の武士のスタイルに捉われず、自分をスタイリッシュに演出することができたのでしょう。大丸に特注した羽織を着て、高い下駄を履き、鉄扇を持って闊歩する、というスタイルの源は、芹沢鴨の趣味だったと僕は、にらんでいます。近藤は朴訥な道場主で、土方ははっきりいって田舎者ですから、目立ちたがりで、お洒落な芹沢のスタイルにすごく憧れたでしょう。しかも、芹沢は当時、名の知れた尊皇攘夷の志士で、有名人だったから、余計に憧れが募った。近藤らが芹沢を斬ったときの畏《おそ》れも、その強い憧れから来ていると思います。だから、新選組はそれ以降も芹沢の美学に祟《たた》られていって、どんどん自分たちをかっこいいものに過剰に演出せずにはいられなかったと思うのです。

磯田　『一刀斎夢録』にも書かれていますが、芹沢の惨殺後、新選組内部の抗争も陰惨になっていきますね。

浅田　斎藤一もそもそも会津藩の密偵だった、という説をいう人もいるんですよ。最後の会津藩主である松平容保には仲人をしてもらうほど可愛がられ、容保だけでなく、後の代の方々も非常に尊敬して忠誠を尽くしている。その主従関係の濃さが根拠とされています。あながち荒唐無稽とは言い切れないですよね。

磯田　ええ。新選組は会津藩の指揮下にありますから、内部事情まで知りたいと思って、斎藤を使った可能性はあります。会津藩がよく密偵を活用していたことは様々な史料から明らかなので、考えられないことはありません。おそらく近藤たちに知られずに新選組の情報を会津藩の公用人・手代木《てしろぎ》勝任《かつとう》（直右衛門《すぐえもん》）らに知らせるぐらいのことはしていたかもしれません。伊東甲子太郎のところからこっそり新選組の屯所へ戻ってくるときも、斎藤はホームレスに変装していたという話もある。どうも動きが密偵風です。どこで習得したのかは、わからないのですが。

浅田　密偵だったとしても、元々、会津藩士だったわけではないと思います。言葉なんかでばれてしまうから。

磯田　新選組に入ってから、だんだん密偵の活動を始めたのではないでしょうか。近藤勇が行きすぎだ、というのを永倉新八たちと一緒に松平容保に対して直訴するあたりでは、すでにおそらくそのような役割を担っていた可能性があると思います。

浅田　本当に謎の人ですね。唯一未開拓の新選組の大物だから、書いてみたかった。すごく無口な人だったようですね。

磯田　秘密が漏れないから、斎藤一は暗殺や密偵にはもってこいですよ。

浅田　近藤勇はいつも斎藤一を連れて歩いていて、非常に可愛がっていたようです。今でいうSPというかボディガードにも向いていた人だったのでしょう。

西南戦争は「大芝居」だった

磯田　『一刀斎夢録』の後半の読みどころは、斎藤一が警視庁の抜刀隊として従軍する西南戦争ですね。小説のなかで展開される、浅田さんの西南戦争論に、私は非常に頷きました。西南戦争は、大久保利通と西郷隆盛の二人が台本を書いて、日本軍を近代化させ、士族の反乱を終わらせるために打った「大芝居」だと書かれています。

浅田　斎藤一が小説のなかでいうように、西郷隆盛と大久保利通が征韓論ごときで袂《たもと》を分かつはずがないと思うんです。

磯田　私も「大芝居」は明確な謀議はないにしても、あうんの呼吸というか、「未必の故意」としては、あったのではないかと思います。あまり学者はそういうことを言えないのですが、あんな戦争、西郷だって成功するとは思ってないでしょう。なのになぜやったのか。

浅田　西郷が士族の不満を汲み取って反乱を起こそうと思っているのであれば、一八七四年に起きた佐賀の乱に呼応するのが普通です。

磯田　いざ蜂起するとなったら、西郷は様々な謀略をめぐらせて、同時多発的に士族反乱を起こすはずです。ところが、西郷は、他藩を巻き込む行動をとらず、桐野利秋が下手な戦略を打っても何の口出しもせず、そのまま引きずられていく。

浅田　あれは西郷の指揮した戦争ではないですよ。桐野の戦争です。

磯田　昔の西郷だったら、熊本城なんかでもたもたしているはずがありません。九州で戦争を起こすときはまず関門海峡を押さえるのが、戦国時代からの常識です。だから、自衛隊も小倉と久留米にいまだに連隊駐屯地を置いています。熊本は何らの戦略要地ではない。それなのに、西郷は熊本城を落とすことにずるずると時間をかけている。自分が士族と一緒に自殺をして、徹底して鎮圧されれば、その後は国民皆兵の近代軍の創設が行なわれることをだいたい予想していたと思います。西南戦争をやっているうちに、全国の不平士族が次々と反乱を起こして、大久保も鎮圧できなくなり、もう一度、西郷と交渉のテーブルにつく、というシナリオも少しは考えていたかもしれません。でも、客観的に考えれば、その可能性は限りなくゼロに近かった。大久保は西郷の意図を酌んでいたかどうかわかりませんが、西郷にとっての西南戦争は、結果を見通した上での自殺的行為であったと思います。

浅田　僕は西郷が最後に立てこもった城山を何度も見に行っているんですけど、花道みたいなんですよ。残された五百人くらいが立てこもって、最後みんなであそこを駆け下りて散っていくわけでしょう。西郷が死に場所を決めて言った「ここらでよか」という有名な言葉は、大久保に対して、うまく芝居はできたろう、と呼びかけているように僕には聞こえるんです。

反逆者なのに銅像が建てられ、英雄化されるのが早すぎるのも、不可解です。不思議な人ですよ、西郷さんは。

磯田　西郷は餅のような男であるというのが、私にはいちばんしっくりくるんです。お餅って、二つ並べて焼いていると、いつの間にかひっついて一緒になってしまう。どうして西郷はあんな戦争に担がれてしまったのかと考えると、西郷は近くにいる人間と感情的に一体化してしまうからですね。たとえば友人の月照と一緒に入水自殺を試みて、自分だけ生き残ってしまう。武士だったら後を追いそうなものですが、再び死のうとはせずに、また何か仕事をしはじめる。そのような大いなる矛盾を抱えたところが西郷の大きさであり、ある種、理解に苦しむところですよね。西郷はわからぬ。西郷がわからねば西南戦争もわからぬというのが、歴史学者のみならず、小説家やあらゆる日本の歴史が好きな人たちを悩ませている課題かもしれません。薩摩へ行くと、大久保利通の悪口を言う人はものすごく多い。一方で、あれだけの若者たちを道連れにして死なせているのに、西郷を恨む人はほんとにいないんですよ。

浅田　なんでそんなに尊敬されているんだろうね。本物の西郷は見たことない人がほとんどだと思いますよ。僕がタイムマシンに乗っていちばん会いたい人です。この目でどういう人なのか、見極めてみたいですね。

歴女もハマる！
幕末のヒーローたち
×
杏

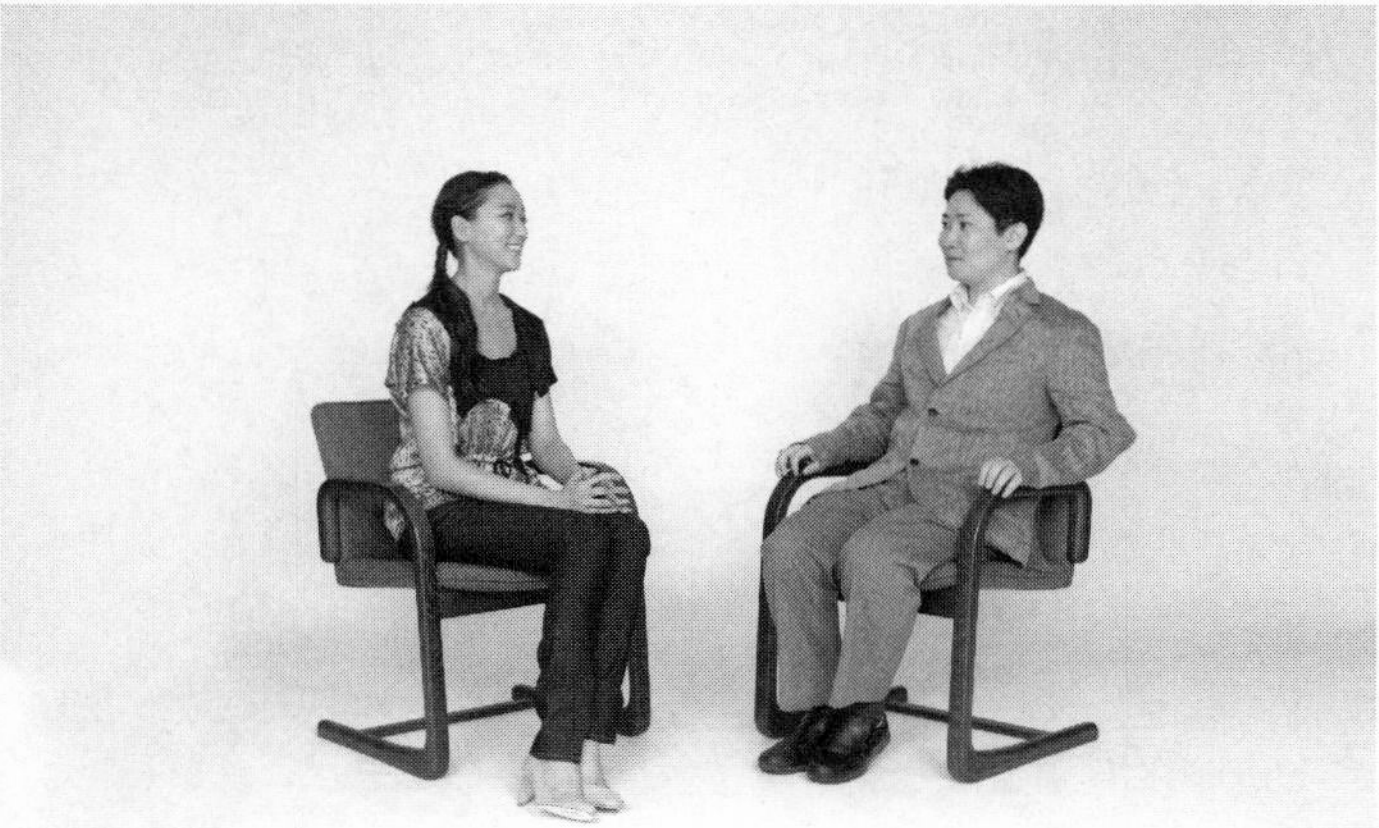

歴史小説やドラマから思いがけない史実まで
〝正統派歴女〟杏さんと語り明かす
忘れがたい激動期の男たち女たち

あん　1986年生まれ。15歳から雑誌モデルとして活躍後、女優として大河ドラマや映画に出演。歌手やYouTuberなどマルチに活動中。読書家で、歴女・漫画好きとしても有名。1男2女の母で、父は俳優の渡辺謙。

男も女も魅了した龍馬

磯田　大河ドラマ「龍馬伝」がずいぶん話題になっていますが、幕末に限らず、日本史全体で見ても、坂本龍馬ほど人気の高い歴史的人物は少ないですよね。

杏　男性にも女性にもファンが多いですよね。私が初めて龍馬を知ったのは、中学の頃に読んだ小山ゆうさんのマンガ『お〜い！竜馬』（小学館文庫）でした。

磯田　〝泣き虫竜馬〟と呼ばれた子ども時代から、土佐藩を脱藩、志士として成長していく過程がしっかり描かれている作品ですよね。実際の龍馬もあの通り、おおらかで明るくて優しい男だったと思います。

杏　鎖国中で、多くの日本人が世界情勢を把握しないまま、攘夷だ、開国だ、と叫んでいた時代に、龍馬は広い視野で日本の行く末を考えていた。新政府に入って権力を得るよりも、世界の海援隊として大海原へ出て行くことに憧れていた。そういう広い心がカッコいい。しかも剣術の腕も確かで、周りの人のケアもちゃんとして……女性人気は高かっただろうな（笑）。

磯田　龍馬はたくさんの手紙を書き残していて、それらを読むと無邪気で警戒心のない彼の人柄がよく分かります。そんな彼だからこそ、身分や立場に関係なく誰にでも会いに行き、人々を魅了し、人間と人間、人間と技術や知識を結びつけて時代を動かすことができたのでしょうね。それに、乙女姉さんへの手紙では、お茶の間の会話レベルで天下国家のことを論じていたりする。そういう点でも特異な武士ですよ、龍馬は。おそらく土佐という、女性が明るくて強い海洋民族文化の中で育ったことが影響しているのでしょうね。

遠いようで近い特別な時代

磯田　幕末は今から百四十〜百五十年前の話。多くの志士が処刑された安政の大獄をはじめ、大老・井伊直弼が暗殺された桜田門外の変など、粛清や暗殺の嵐が吹き荒れた激動の時代も、実はそんなに昔の話じゃないんですよね。

杏　京都の治安を守るために活躍した、あの新撰組最後の隊士も、昭和十三年まで生きていたそうですからね。

磯田　僕のひいひい爺さんも、戊辰戦争に参加して、刀を持って江戸城へ攻めに行ったらしいですから（笑）。その世代に育てられた人たちが、僕が学生の頃にはまだまだ存命していたのかと思うと、幕末という時代がぐっと身近に感じられますよね。

杏　ヨーロッパの人たちの感覚からすれば、百四十〜百五十年前なんて最近のことでしょうからね。だけど、その一方でずいぶん遠くにも感じるんですよね。

磯田　それはなぜですか？

杏　だって、自分の命を犠牲にしてまで志を遂げようとする幕末の志士たちの感覚って、今の私たちが理解するには難しいと思うから。今の私たちとはずいぶん違う感覚を持った若者たちが、普通に生きていた幕末ってなんだか遠い時代のように思えます。近くて遠い。それが幕末という時代のもう一つの魅力なのかもしれません。

幕末にはまったのは新撰組がきっかけ

磯田　歴史好きで知られる杏さんですが、いつ頃から歴史に興味を持つようになったのですか？

杏　幼稚園の卒園文集に「大きくなったら着物を着て絵を描く人になりたい」とあるので、ずいぶん小さい頃から日本的なものが好きだったみたいです。決定的になったのは中学の頃。池波正太郎さんの小説『幕末新選組』（文春文庫）を読んだらすごくおもしろくて、そこからはまりました。

磯田　じゃあ、幕末は新撰組から入ったことになりますね。
杏　はい。祖父が歴史好きで、「新撰組が好きなの」と言ったら、段ボール箱一杯の本や新聞の切り抜きを送ってくれて、ますます興味を持つようになりました。
磯田　新撰組のどんなところがおもしろいと思ったのですか？
杏　幕末の志士は皆そうですが、全体的に年齢が若い。そこに一番シンパシーを感じました。若くして命を落とす人も多くて、たとえば沖田総司は今の私と同じ年（二十四歳）で死んでいる。そう考えると「私、これまで何をやってきたんだろう？」って考えたりして……。
磯田　隊士の中で女性に人気なのは、やはり土方歳三や近藤勇でしょうけど、杏さんは誰が好き？
杏　永倉新八です！　実は、幕末の志士の中でも一番彼が好きです。書物を書いたり、石碑を建てたり、生き残った上でやらなければならないことを実行し、新撰組というものを自分の中できちんと消化している。松前藩に戻ってからは、ずっと好きな剣道をやり、日露戦争が起きたときには還暦を過ぎているのに「俺も行ってやろうか」と志願して断られたりして（笑）。生涯、剣に生きた人だったというところに魅《ひ》かれますね。

磯田　数いる隊士の中から、永倉新八を選ぶとはさすが、杏さん！　お目が高い。百姓から武士になってただひと旗揚げようとしていた連中が多い新撰組の中、永倉新八だけは自分の剣で社会に役立ちたいと思っていた人物なんですよ。

杏　局長である近藤勇が道を踏み外しそうになった時も、身を挺して止めようとする。そういうところもいいなって思います。

磯田　近藤の行動を阻止しようと永倉が建白書を出した、会津藩の藩主・松平容保《かたもり》はどう？

杏　あ、お墓参りに行きました。実は免許を取って初めての一人ドライブが会津だったんです。容保のほかに、新撰組の斎藤一と近藤勇の会津バージョンのお墓も参ったし、白虎隊最期の地・飯盛山へも行きました。

磯田　初ドライブが幕末ゆかりの地めぐりとは、さすがですね！

杏　今の視点で見れば、新撰組の人たちは時代の大局が見えていなかったということになりますが、明日をも知れない彼らの心情を思うと、何も言えない。彼らもまた頑張ったんだなぁと思いますね。

万華鏡みたいにいろんな見方ができるのが楽しい

杏　磯田先生は、幕末の志士の中では誰がお好きなんですか？

磯田　僕は歴史的人物を評価するとき、人生の末端まで見て評価したいと思っています。そういう意味では、龍馬と同じ土佐藩出身の乾（板垣）退助が好きですね。自由民権運動の主導者として知られていますが、彼も幕末の志士の一人。幕末という激動の時代を生き残り、樹立された新政府に参加した人たちの中には、維新の際の理想はどこへやら、新たにこしらえた爵位や帝国議会の議席まで世襲にしようとした人たちもいた。それに最後まで異議を唱えたのが彼だったんです。

杏　ぶれない人は私も好きです。

磯田　乾退助は、大政奉還の際に暗躍した、後藤象二郎と同じく土佐の上士出身。大河ドラマ「龍馬伝」では、下士を差別する悪役のように描かれていますが、本当は下士よりもはるかにまともな感覚を持った立派な人が多かったんですよ。

杏　開国派に攘夷派、佐幕派に倒幕派など、いろんな立場の人たちが複雑に絡み合う幕末は、ちょっと見方を変えるだけで、同じ人物が悪者になったり、ヒーローになったりするんですよね。まるで万華鏡みたいに、いろんな見方が楽しめるのが幕末の魅力だと思います。

幕末を生きた女性たち

磯田　同じ女性として、幕末の女性たちに興味はありますか？

杏　あります。実在したかどうかはわかりませんが、まずは田島カツという女性。宇江佐真理さんの『アラミスと呼ばれた女』（講談社文庫）のヒロイン・お柳のモデルではないかとされている人です。物語は長崎・出島で働く通詞の娘で、榎本武揚との出会いから、フランス語の通訳となって、戊辰戦争を戦う幕府軍と共に箱館の五稜郭を目指す……という波瀾万丈な内容。でも、実際に榎本と行動を共にしたフランス人軍事顧問、ジュール・ブリュネが書き残した『函館の幕末・維新　フランス士官ブリュネのスケッチ100枚』（中央公論社）の中に、一人だけ女性のようにほっそりとした若者が描かれていて、その愛称が「アラミス」だと記されている。本当に男装の麗人だったのかどうかはわかりませんが、子母澤寛さんの随筆『ふところ手帖』（中公文庫）にも登場します。

磯田　じゃあ、実在したかもしれない人物というわけですね。

杏　そうなんです。実際、当時の日本には、男装して諸国漫遊した女性が意外と多かったらしい。それに、新撰組に志願した女性もいたようです。お兄さんと一緒に男装して新撰組に参加しようとした〝中沢琴〟という女性で、かなり長身だったらしい。「もし映像化されるなら、是非私がやりたい！」と、密かに思っているんです（笑）。

あとは浅田次郎さんの小説『輪違屋糸里』（文春文庫）のヒロインで、新撰組の土方歳三を支えた糸里もいいなぁと思います。幕末から明治にかけて活躍したのは、男性ばかりのようにイメージされがちですが、江戸城の無血開城に尽力した篤姫をはじめ、当時の女性たちの中にも、日本の行く末を考えていた人はいたはずなんですよね。

磯田　確かにそうですよね。幕末の志士の中でも、龍馬と並んで人気の高い長州藩士・高杉晋作の死に水を取った尼さん、野村望東尼も攘夷に燃える思いを込めた短歌を詠んでいますからね。すごい時代だったと思いますよ。

杏　男たちを支え、歴史を支えた女性たちがいたことを、同じ女性として忘れたくないですね。

未知のことへの探求心に燃えた若者たち

磯田　当時の若者たちは知らないこと、新しいことに出会った時、誰からも頼まれてもいないのに「わしがやらねば！」と思って行動している。あの、どこから湧いてくるのかわからないバイタリティが、幕末の人たちの素晴らしさだと思います。しかも、江戸や京都だけでなく、全国津々浦々の人たちみんなが、国のために自分の持ち場で何かをやろうと懸命だった。幕末から明治にかけてのそういう独特な空気ってすごかったんだろうなぁと思います。

杏　私、当時の若者たちが知らないこと、新しいことに出会ったときの感動って、一体どれぐらいのものだったのだろう？　とよく想像するんですよね。

磯田　知らない、というレベルがずいぶん違いますよね。黒船の来航なんて、今の僕たちにとっての「宇宙船が来た！」というぐらいのレベルだったかも（笑）。でも、本当にそれぐらいの衝撃だったたと思います。

杏　そういう途方もなく知らない何か、新しい何かを自分のものにしようと、果敢に取り組む彼らの姿勢に感動します。だって、英語を学びたくても、教科書もなければ先生もいないわけですよね。

磯田　そうですよ。今の学生たちなんて「勉強しろ」と言ったって、勉強しないですから（笑）。逆に言えば、人間は心の中から「やりたい」と突き動かされたとき、最も力を発揮するものなのでしょう。

杏　そんなふうに彼らが熱く思えた理由は何だったのですか？

磯田　やはり、江戸時代が人の志を抑えつけていた時代だったからでしょうね。家老の子は家老、百姓の子は百姓という社会構造だった。それなのに、何百年も〝武威政権〟だと信じていた徳川幕府が、たった四隻の黒船が来ただけで右往左往する様子を目の当たりにしてしまった。学問を積んだ人間、何かに秀でた人間が世の中を動かしていいんだという光が、この時に彼らにははっきりと見えたのではないでしょうか。

杏　この頃、彼らが自分たちの歴史をどう認識していたのかも気になります。

磯田　当時の彼らが読んでいた歴史書の中心は頼山陽の『日本外史』でした。この本によって、日本は本来天皇が政権を持つのが正常な状態である、ということを吹き込まれるわけです。それまでにも自分の藩や家の歴史はあったけれど、日本人としての歴史を若者たちに認識させたのがこの本だったんです。

杏　江戸時代はずっと鎖国政策をとっていた日本ですが、伊勢の商人・大黒屋光太夫がロシアのエカテリーナ二世に謁見したりもしているんですよね。

磯田　光太夫が持ち帰った情報などから、少しずつ世界に対する認識を持つようになっていったのだろうと思います。やはり、外へ出る人は「日本人」という意識が芽生えやすかったでしょうからね。

杏　渡辺京二さんの『逝きし世の面影』など幕末関連の本を読むと、異国の人たちが日本へやって来たとき、幕府はどう対応するかに追われる一方、一般庶民は意外と好奇心旺盛で心を通わせたりしている。そういうところは、日本人の強さだなぁと思います。

幕末を知れば知るほど生きる元気が湧いてくる

杏　歴史って、必ず今の自分につながるものなんですよね。幕末を生きた彼らの百五十年後が今の私たち。だったら、今から百五十年後、未来の人たちは今の私たちの時代をどう見るのだろう？　という思いが湧いてきます。

磯田　そういう客観的な視点はとても大切だと思いますね。

杏　歴史を好きになり、歴史を知れば知るほど、視点がどんどん俯瞰的になる気がします。

磯田　歴史を知ると、まず人を見る目が変わってきます。うわべだけでは判断しないようになる。幕末という激動の時代を生きた男の群像を知ると、男性を見る目が変わってくるかもしれませんよ。

杏　坂本龍馬もそうですが、歴史を振り返るといろんな人が志半ばで倒れたり、ふいに亡くなったりしています。だからこそ、後悔しない日々を過ごしたいです。たとえば「ありがとう」を言い損ねないようにするとか、別れるときに「さようなら」の挨拶をちゃんと交わすとか、小さなことも大切にしたい。

磯田　明日死ぬかもしれない、この瞬間斬られるかもしれないという時代に生きていた幕末の人たちにとっては、後悔しないように生きるというのが大きなテーマだったでしょうね。五箇条の御誓文にも「官武一途庶民ニ至ル迄各其志ヲ遂ゲ人心ヲシテ倦マザラシメンコトヲ要ス」とある。要は、後悔しないような政治制度をみんなで作っていこうということだった。まぁ、結局はそううまくはいかなかった。おかげで僕たち日本人は、未だにそれを求め続けているわけですよ（笑）。

杏　確実に今につながっているわけですね（笑）。一日一日を大切に生きたいと思えたり、明日への元気をもらえたり。ひょっとしたら、それが幕末とか、歴史の一番の良さかもしれませんね。

「龍馬斬殺」の謎を解く×中村彰彦

そもそも「暗殺」だったのか？「黒幕」は存在したのか？
当時の政治状況、龍馬の死生観など広い視野で
諸説飛び交う維新史の謎を徹底追究

なかむら・あきひこ 1949年生まれ。編集者を経て、作家に。『五左衛門坂の敵討』で中山義秀文学賞、『二つの山河』で直木賞、『落花は枝に還らずとも』で新田次郎文学賞、歴史時代作家クラブ賞を受賞。会津を愛し、幕末維新を描く作品が多い。

「暗殺」ではなかった!?

中村　まずはじめに言っておきたいのは、龍馬暗殺については奇説珍説入り乱れている、ということです。歴史をまともに検証すれば実行犯が京都見廻組であることはほぼ確定で、それ以外の人間を実行犯として立てる説にはろくなものがありません。

世の中に出回っているものをみても、通り魔的殺人犯説から始まって、土佐藩の後藤象二郎説や武器商人のグラバー説、中岡慎太郎との〝抱き合い心中〟説まであります。

磯田　そんなに面白いものがあるんですか（笑）。しかし、たとえば後藤象二郎説といわれても後藤が龍馬を暗殺する動機がありませんよね。

中村　直木賞作家の三好徹氏の説によれば龍馬が藩船の夕顔丸船内で書いた「船中八策」を、後藤が自分の手柄として発表したいと考え、龍馬の存在が邪魔になったのが動機だといっています。しかし夕顔丸には他に何人もいたわけで、手柄を横取りしてもばれてしまう。

磯田　土佐藩は龍馬が殺害される前に「命を狙われていて危ないから土佐藩邸に移った方がいい」と忠告しています。殺そうと思っている人間にこんなことは言いませんから、それは筋として成り立ちませんよね。

中村　状況や関係性を一切考慮していない珍説の類《たぐい》が後を絶たないんです。そもそも「龍馬暗殺」と言った時点で事実誤認がありますよね。

磯田　そうなんです。その点についてはこの対談でどうしても言っておきたかった。「暗殺」というのは通常、政府の要人をそれ以外の人間が不当に手にかけたことを指しますが、龍馬の殺害にこれが当てはまるのかどうか。

中村　龍馬は近江屋で襲撃される前に、伏見の寺田屋で伏見奉行所の手の者に襲われています。この時龍馬は長州藩の支藩長府藩、三吉慎蔵を連れていた。禁門の変以降、長州人は入京を禁じられていましたから、これは罪を問われても仕方のない行動でした。

磯田　しかもその時、龍馬は伏見奉行所の同心二名に短筒《たんづつ》を放っていますから、幕府や会津の論理としては、暗殺ではなく正当な業務執行なのです。

中村　当然、手に余れば討ち取ってよし、ということになっていました。

定説は見廻組実行犯説

磯田　そういうことから考えても、「龍馬暗殺」ではなくて「斬殺《ざんさつ》」、斬り殺されたというのがニュートラルな言い方ですよね。

見廻組が実行したという点については、おっしゃるとおり、普通に考えれば異論のないところだと思います。問題はその先で、「近江屋の二階に駆け上がり、龍馬に致命の一太刀を浴びせた殺害者は誰か」と「見廻組に指示を出したのは誰か」、つまり「直接殺害者」と「首謀者」の二点。まず、殺害者について考えてみたいと思います。

この件については生涯を通じて執念を燃やして調べつくした人がいます。土佐勤王党に参加していた田中光顕《みつあき》です。彼は後に新政府で警視総監や宮内大臣を歴任しましたが、土佐出身で龍馬を非常に慕《した》っていた。政界引退後は志士たちの検証に熱心に取り組み、遺墨、遺品、手紙などあらゆるものを集めていました。

その彼が出した結論は、「龍馬を殺害したのは小太刀の名人早川桂之助、渡辺太郎である」というものでした。満九十五歳で死ぬ間際に遺言として残したので、微妙に名前を間違えていますが、これは見廻組の桂隼之介と渡辺吉太郎のことでしょう。渡辺吉太郎は渡辺一郎（のち篤）という別の男かもしれません。ここに見廻組組頭佐々木只三郎と今井信《のぶ》郎《お》を加えた三人から四人が近江屋の二階に上がった殺害実行者の可能性が高い。

中村　佐々木は組頭だから、二階には上がらないいんじゃないかなぁ。

磯田　いずれにしろ、近江屋という狭い部屋の中での斬り合いということを考えると、小太刀の名人が斬ったというのも納得がいきますし、私たち以上に熱心に調査を続けた田中光顕の結論は、やはり私にとっては非常に重いものです。

中村　私は桂や渡辺の剣の腕前に関する情報がないのが気になるんです。私が実行犯とみているのは、剣の達人として知られていた今井信郎です。彼は非常に詳しい証言を残している。戊辰戦争を生き抜き、箱館戦争で降伏した後に取調べを受け、そこで見廻組が龍馬殺害を実行したことを自供しています。その要点は次のようなものでした。

「（慶応三〈一八六七〉年）十一月上旬に佐々木只三郎の宿舎に呼ばれ、自分と渡辺吉太郎、高橋安次郎、桂隼之介、土肥仲蔵、桜井大三郎の六人が出向き、龍馬捕縛の指示を受けた。

町屋に赴《おもむ》き、佐々木、渡辺、高橋、桂が二階に踏み込み、自分と土肥、桜井は見張りをした。自分は家のものが騒ぎ立てたので取り静めた。渡辺、高橋、桂は『龍馬を打ち留《とど》めた』と言い、その後佐々木の指図で宿舎に引き揚げた。自分は龍馬がどういう人間なのかも知らなかった。佐々木に指図したのが老中だったのか、京都守護職・松平容保《かたもり》だったのか、知らない」

今井信郎はこの時点では「見張り役だった」と主張しています。これによって彼は禁固刑となるのですが釈放後の明治三十三（一九〇〇）年に『国民新聞』記者の結城礼一郎という人物の取材に応じ、談話を残しています。ここではじめて今井は自分が龍馬を斬ったと話す。

この談話をまとめた結城の記述には不正確な部分が多々あるのですが、ともかく龍馬に一太刀浴びせたのは自分だ、と今井が証言したことは間違いありません。箱館戦争直後の供述で「見張り」と言ったのは、あの時点で「俺がやった」と言えば間違いなく斬首にされていたからでしょう。

磯田　今井は捕まってからの供述の中で、鳥羽伏見の戦いで死んだ人間の名前を挙げることで、生きている組員を庇《かば》った可能性もあります。しかし史料を長く読んできた人間の感覚から言うと、喋《しゃべ》れるところまでは正直に喋っているように思います。

今井信郎の詳細な証言

中村　さらに今井が大正七（一九一八）年に死去する前に語り残した「家伝」にはこうあります。

「見廻組の六人で集まった後、斬りこみの順番を決めるクジを引いたところ、自分は三番刀になったので憤慨し、引きなおしを要求して一番刀になった。
近江屋の二階へ上がり、奥八畳の襖《ふすま》を開けると男が二人火鉢を囲んで座っていた。二人いるので一瞬迷ったが、とっさに『才谷《さいたに》（坂本）先生、お久しぶりです』と声をかけると、右手の男が『ハテ、どなたでしたかなぁ』と顔を向けた。これが坂本龍馬に違いない、と抜き放ち、額を真横に払った」
実に詳細な証言です。供述書も家伝も、元の文章を読んでみると非常に簡潔な言い回しで、武家らしい表現をしています。

磯田　これらは重要参考史料としていいと思います。そして史料的価値は落ちますが、今井の妻の証言も残っています。その内容はというと、今井は事件当日、渡辺吉太郎に呼ばれて出て行った。今井は京都見廻組の新入りでしたから、先輩隊士に呼ばれて行ったというのは序列からすると正しい。そしてここが重要なのですが、帰ってきた時に、今井は指に怪我をしていたといいます。もし見張りをしていただけならば傷はできないはずですから、二階まで行った、というところまでは可能性として残ると思う。

中村　今井自身は「龍馬をなぎ払ったあと、後から来た見廻組組員がとどめを刺そうと入ってきた時に抜き身の刀を持っており、身をかわす場所も暇もなく、すれ違った時に右手人差し指を斬られた」と言っています。非常に描写が細かい。

磯田　しかも今井信郎は「片手打ち」で有名ですよね。

中村　非常に腕の立つ男だったそうです。十八歳で直心影流《じきしんかげりゅう》の榊原鍵吉に入門し、三年で免許を得ている。この道場の荒稽古は薪割り稽古といわれていたほどです。柱みたいな太い角材にグリップをつけたような振り棒を何度も素振りして腕力を鍛える。私も素振りをやってみたけれど、とにかく重い。五、六回振ったら「なかなかできるね」と言われたほどです（笑）。

今井の腕はものすごく太くて、満七十六歳で死ぬ前、息子の信夫が「親父もずいぶんやせたな」と思って布団に寝ている今井の横に寝てみたら、腕が自分の倍くらい太かったのに驚いたとか。

その今井の得意技は磯田さんのご指摘の通り「片手打ち」です。ある時水戸藩士と試合をして「片手打ち」を繰り出したところ、面《めん》の上からだったにもかかわらず、水戸藩士は頭蓋を割られて死亡してしまった。以後、今井の片手打ちは禁じ手となったそうです。この片手で抜き即斬の一撃が龍馬の頭蓋を割った、と考えられます。

三十八カ所もの刀傷

磯田　龍馬が頭を割られた後に「石川（中岡の変名）、刀はないか」と言ったり「脳漿《のうしょう》が出てるから助からない」と言っていたなど、重傷を負いながらもかなり喋っているのが不思議議です。脳の傷口が大きく、ぐしゃぐしゃではさすがに喋れないと思うのですが、スパッと切れたのか。このあたりはどんな深さで刀が入ったのかということや、傷口の状態などを検討する必要がありますね。

中村　今井は「余りにも見事に切れたので、道場の榊原師匠に報告したい」と言って刀を妻に託したという話もあります。

磯田　さらに事件について京都守護職から褒状《ほうじょう》を賜《たまわ》ったという妻の証言もある。うーむ、しかし「一太刀でバッサリ」というのはどうも引っ掛かります。

というのも、あの時龍馬は三十八カ所も切りつけられています。中岡も二十四カ所。手も足もズタズタだった。やはり現場状況と凶器の推定、傷の数を考えると、武器は小さく小回りのきくものである可能性が捨て切れない。今井の証言だけで「今井が一太刀を浴びせた」と断定するまでには、まだ疑問が残ります。

中村　今井は一太刀だけでなく、龍馬が自分の刀を取ろうとして背を見せた時に背中に斬りつけてもいます。傷の多さについては、こう考えられませんか。いくさの際に敵中に斬り込むときは一番刀が倒した人間を、二番刀、三番刀がつぎつぎ斬りつけながら進んでゆくものです。そうやって度胸をつけるんでしょう。彰義隊《しょうぎたい》の記録を見ても、後から来る者が倒れた隊士につぎつぎに斬りつけるから、遺体が膾《なます》のようになっていたという。

近江屋事件でも中岡が「もうだめだと思ったら、また別のやつが来て斬りつけてきた」と言っている。中岡の証言は、自身も重傷を負って意識が混濁していたせいか、おかしなところがたくさんあって、「刺客は真っ先に自分に斬りつけてきた」と言っていますが、リアルな部分もある。

「手の次に足を斬られて足が立たなくなり、仕方がないからそのまま倒れて斬らせておくより仕様がなかった」というのはかなり生々しい表現です。これは二番刀、三番刀の者も中岡を斬った、と考えてもいいのではないでしょうか。

もうひとつ、興味深いエピソードがあります。これはあとで論じる「薩摩藩黒幕説」に関わってくることですが、今井信郎は斬首に処されず、禁固刑を経て釈放されたことについて、「これは西郷さんが裏で動いてくれたんだ」と最期まで信じていた。

西南戦争が始まると、今井は「今度は西郷を俺が助ける」と言って薩軍に身を投じようとする。しかし九州へゆく前に薩軍が壊滅してしまい、ガッカリして牧之原（現在の静岡県島田市）に引きこもってしまった。
そこへ旧土佐藩士数名が「龍馬の仇を打つ」といって押しかけてきたこともあるそうです。槍を持った今井が雨戸をガラッと開けると百目蠟燭《ひゃくめろうそく》がずらりと並べられていて、今井は「いざ参れ」と一喝した。妻のいわは鎖鎌を構えていた。すると旧土佐藩士は逃げて行ったそうです。

磯田　そういえば、今井と坂本家は後に交流があったようです。今井は明治十一、十二（一八七八〜七九年）頃に龍馬の養子・坂本直から「父の法要をやるから是非出席して貰いたい」との手紙をもらっていたそうです。少なくとも今井が龍馬殺害に関わったことは事実ですから、行けば命はないという覚悟で足を運んだ。
しかし実際は和気《わき》藹々《あいあい》と話をして帰ってきたといいます。今井家に残る話として静岡の地元雑誌『月刊浜名湖遠州三河』（二十七号・一九八一年）に収録されています。

中村　幕末の、一種のファナティックな興奮状態を過ぎた後は、互いに許し合おうという気持ちも芽生えたのでしょう。井上馨《かおる》も俗論党にズタズタにやられて、瀕死の状態になり、麻酔なしで数十針縫う羽目になった。その後「実は俺がやった」という人が出てきましたが、全く恨みに思っていない。記念にその刀をもらっているんですよね。

磯田 坂本家の養子はクリスチャンで、今井に「過去のことは忘れて、これからは新しい日本の為にともにやりましょう。私はあなたにお目にかかれて本当に嬉しい」と言ったそうです。

龍馬の居場所を知らせたのは？

中村 さて、もうひとつの論点が、「龍馬の居場所を見廻組に知らせたのは誰か」ということです。

磯田 そこで中村さんのおっしゃる「薩摩黒幕説」が出てくるんですね。

中村 はい。見廻組はどうやって龍馬の居場所を突き止めたのか。見廻組自身も諜吏《ちょうり》（密使）の増次郎を偵察に出して龍馬の居所を探っていたようですが、その報告を受けて乗り込んだという記録はありません。

近江屋事件前後の龍馬の行動を整理しておくと、龍馬はしばらく近江屋の裏庭の土蔵へ身を潜めていました。しかしここは寒かったのか、風邪を引いてしまった。そこで殺害される慶応三（一八六七）年十一月十五日の前日、十四日に近江屋の母屋二階へ移っています。これには近江屋の主人、新助の「坂本は（事件の）前日から風邪気味で用便などに不自由だからということで母屋の二階へ移っていた」という証言があります。

すると見廻組組頭佐々木只三郎はどこからかこの情報を入手し、十四日の夜遅くか、もしくは十五日の朝に見廻組隊士たちに呼び出しをかけ、近江屋襲撃を指示している。そして隊士たちは十五日午後九時ごろ、近江屋の母屋二階へ迷わず上がって龍馬を襲っています。なぜ龍馬が土蔵から母屋二階に移ったことがすぐに見廻組の知るところとなったのか。何者かから伝えられたのではないでしょうか。

磯田　私は龍馬の居所はそれほど高度な機密情報ではなかったのではないかと考えています。龍馬はとてもお喋りで、自分の身辺についてすぐに喋ってしまう。

殺害される直前の十一月十一日に、京都町奉行から若年寄となった永井玄蕃《げんば》に会いに行き、殺害される前日にも会いに行っている。この永井の屋敷のすぐ脇の松林寺に佐々木只三郎がいた。この時、会津藩関係者が同席していた可能性さえあります。

というのも、寺田屋の女将お登勢のところに、土佐藩邸から「龍馬さん、命を狙われて危ないので早く藩邸に来てください」と手紙が来る。すると龍馬はお登勢に「自分は永井と会津に面会して、命の保障をされているんだ」と語っている。しかし実際には龍馬が会津肥後守、つまり松平容保と面会した記録はないんです。しかし会津藩関係者が傍にいた可能性は否定できない。これは研究者の間でもよく言われていることです。

どこへでもフラフラ出掛けていって「危ないから早く土佐藩邸に移ってください」といわれる龍馬の居所は、秘密でもなんでもなかった。当然、会津も知っていたでしょう。事実、見廻組は居所をつかんでいた。増次郎という密偵を変装させて監視下においていたとの史料もある。そこから見廻組の佐々木只三郎に情報が行ったんではないでしょうか。

中村　確かに近江屋が「秘密のアジト」ということではないでしょう。実際、龍馬殺害の二日前、十一月十三日には、元新選組の伊東甲子太郎《かしたろう》が近江屋の龍馬を訪ねています。甲子太郎はこの頃高台寺党（御陵衛士）の盟主を務めていますが、高台寺党は薩摩がスポンサーになっていますので、薩摩から居場所を聞いてやってきたのでしょう。この時龍馬は裏庭の土蔵にいるはずですから、甲子太郎はそこで龍馬と会ったのかもしれません。

磯田　近江屋や土佐藩邸、海援隊屯所などがあったのは三条大橋の袂《たもと》の河原町通り、木屋町通りあたり。百メートルちょっとのところに龍馬も、海援隊もいた。狭い範囲にみんないた。そこで活発に行き来していたから、居場所はみんな判っていた、というのが私の考えです。

中村　しかし、見廻組は増次郎を使って龍馬の居所を探らせていたのですから、当然どこにいるか知ってはいなかった。しかも見廻組がまっすぐ母屋二階に向かった、というのが気になるんです。当時、京都で抜群の偵察能力を誇っていたのは薩摩藩だった。

磯田　増次郎に探らせていたのは龍馬の居所でなく、在・不在と訪問者です。ホームレスに変装させて、町屋の軒下から監視したのです。偵察能力については確かに薩摩はずば抜けていました。また、会津藩の能力も高く、あらゆる志士たちの情報を収集し、所在を把握していて、見廻組を動かして斬り込むところまで実行できた。

そういう全般的な能力を持っていた藩は、そうない。しかし、薩摩藩が龍馬を殺すなら、見廻組に頼むなどしない。わざわざ下宿に踏み込まず、龍馬を呼び寄せて、路上で闇討ちにするのではないかと思うのです。

薩摩藩と佐々木只三郎

中村　ここで押さえておきたいのが佐々木只三郎と薩摩藩の関係です。そもそも薩摩と会津は文久三（一八六三）年の時点では薩会同盟を結んで盟友関係にありました。会津出身の佐々木只三郎も薩摩藩と交流があった。

見廻組隊士渡辺一郎改め篤の回想録『摘書』によれば、組頭の佐々木只三郎は歌会で薩摩藩士の八田知紀《とものり》と懇意にしていた。佐々木は清河八郎の暗殺や龍馬の殺害に関わっていたため、殺人者のイメージをもたれがちですが、実際はいい歌を詠む歌人でもありました。「朽ち果てて　かばねの上に　草むさば　我大君の　駒にかはまし」という作は、自分が死んでその上に草が生えたら、天皇の乗る馬のえさにしてもらいたい、という内容です。それほど幕府や朝廷への忠誠心は強かった。

八田知紀は会津藩に薩会同盟を持ちかけた高崎左太郎の歌の師匠です。歌会には高崎左太郎も参加していたでしょう。

磯田　後の高崎正風ですね。その佐々木只三郎の実兄は、松平容保とともに上洛して公用人などを務めた手代木直右衛門《てしろぎすぐえもん》。手代木が務めていた会津公用方は、今で言えば政局企画部。当時の局面では、京都の政局、会津と京都の実質的な政策決定者は手代木でした。容保は大人しいタイプでしたから、手代木に任せていた。

中村　兄の手代木が京都守護職を仕切り、弟の佐々木只三郎が見廻組を仕切る。面白い関係にありましたよね。佐々木只三郎の人脈を通じて薩摩から見廻組へ龍馬の動向について情報が入り、佐々木が兄の手代木を通じて容保に龍馬襲撃を打診、上から命令が降りてきて、見廻組が近江屋へ赴いたのではないか。

重要人物の遺言

磯田　私は中村さんのお考えとは違うんですが、それでも手代木が龍馬の死に関する重要人物であるとみています。今井信郎の供述によると、今井は近江屋の襲撃が誰の命令だったのかについて、こう述べています。

「旧幕府では閣老など重職者からの命令を御差図と呼んでいた。見廻組は松平肥後守（会津公容保）の配下だから、〝御差図〟というからには、会津の容保からの差図か」

〝差図か〟としていますが、見廻組は会津藩配下ですから、恐らく龍馬襲撃は公用方の手代木が企画し、松平容保の命として〝御差図〟が下り、実弟の只三郎が実行した、というのがオーソドックスな説になろうかと思います。

手代木の遺族がまとめた伝記『手代木直右衛門傳』、これは私家版なので東京にも一冊くらいしかない珍しい資料なのですが、ここに彼が死の数日前に龍馬襲撃について語った証言があります。そこには、「弟が坂本を殺した。当時坂本は薩長の連合を謀り、土佐の藩論を覆して倒幕に一致させたので幕府の嫌忌を買っていた。某諸侯の命を受けて坂本の隠れ家を襲って斬殺した」と書かれています。

この『手代木傳』の編者の大泉という人物は、殺害を命じた「某諸侯」について「所司代桑名侯ではないか」と取ってつけたように書き加えています。桑名侯とは桑名藩主で松平容保の実弟、松平定敬《さだあき》のこと。しかし桑名藩が見廻組に指示を出せるはずがないので、実際は会津藩からという形で、手代木から只三郎に指示した可能性が高い。

中村　その伝記は私も架蔵《かぞう》していますので、磯田さんのと私のと、少なくとも東京に二冊はある（笑）。ともかく、容保の名をあえて出さないようにしているのは確かでしょうね。

磯田　容保を庇ったのでしょう。

殺害を命じたのは誰か、ということに関しては幕府や各藩の、龍馬に対する温度差を考える必要があろうかと思います。「大政奉還」に関してはそれぞれの立場でとらえ方が違っていて、「これなら応じられる」という人もいれば、「冗談じゃない！」という人もいました。

特に反発したのが会津藩と桑名藩です。手代木が大政奉還の策を聞いたときの反応も、はっきり怒ったとは書いていないけれど行間から怒りがにじみ出ています。薩長をまとめ、土佐を巻き込んで「倒幕に一致せしめたる坂本」をそのままにしておくわけにはいかない、と考えても不思議ではありません。

中村　大政奉還論は薩摩藩を不快にさせた面もありますね。龍馬は勝海舟や大久保一翁らの大政奉還論に触れ、影響を受けていく。越前の由利公正からは産業振興、財務政策論の教えを受け、慶応二（一八六六）年一月には薩長同盟の立会人になりながら、「船中八策」や「新政府綱領八策」を出し、次第に公武合体、禅譲というべき大政奉還論に近づいていくのです。少なくとも徳川慶喜を、新政府の何らかの役職につけようと思っていた。しかし薩摩がこれを邪魔に思った可能性は高い。

龍馬亡き後に開かれた小御所会議に、慶喜は呼ばれていません。土佐藩主だった山内容堂が酒に酔って参加した小御所会議で「慶喜を新政府に迎えないのはおかしい」と発言すると、会議に参加していなかった薩摩の西郷隆盛が休憩時間に現れ、容堂に関して「短刀一本あれば足りる」と発言しています。

要は、邪魔なやつは消してしまえということです。龍馬の思い描いていたことと、薩摩、西郷の思い描いていたことが次第に違ってきたため、今後邪魔になると考えた薩摩が龍馬に殺意を抱いても不思議ではありませんでした。

磯田　そこはちょっと意見の違うところで、薩摩が龍馬を狙ったのが大政奉還論によるものだとすると、大政奉還と武力倒幕が完全に対立するものということになってしまいます。しかし私はこの二つが完全に対立するものだとは思っていません。大政奉還をやってから幕府を潰すのと、その前に幕府を潰すのでは、明らかに前者の方が楽です。

薩摩はそれを知っていたから、薩土盟約の時には「どうぞ大政奉還の建白をしてください」と言っています。慶喜に政権を投げ出させ、薩摩は「龍馬はよくやってくれた。これによって武力倒幕が楽になった」と思っていたのではないでしょうか。

当然、龍馬が薩摩と同じ考えだったとは思いません。龍馬をはじめ、世の中の流れは慶喜を新政府に入れて穏便に軟着陸しようというものだった。ところが薩摩の西郷と大久保利通が歴史の流れを無理矢理捻じ曲げて、武力倒幕の流れに持っていってしまった。

龍馬に会った林謙三の回想によれば、龍馬は「こうなっては戦争（倒幕）は避けられない」と覚悟を語っていたそうです。

中村　つまり龍馬と薩摩とは、いつのまにか同床異夢の関係に陥っていた。政権を取ってからの旧勢力の扱い方にしても、徳川幕府は戦国時代の名家を優遇しましたが、薩長政権は日本を徹底的に更地にしてから新しい国家を一から作ろうとした。

磯田　西郷は「焼き尽くしてしまわなければ、幕府が復活する」という恐怖感を持っていました。この点においては徹底しています。

中村　その徹底ぶりが、龍馬を排除する力となったように見えるということです。「おおらかな西郷どん」のイメージだけでは語れない、厳しい面を持ち合わせていたのが西郷です。

坂本龍馬の夢

磯田　歴史人物への評価もイメージの部分が非常に大きいですよね。龍馬についても同じことが言えて、明治二十四（一八九一）年には正四位が追贈《ついぞう》されていますが、これは中岡と同じ位です。このことが象徴するように、戦後の一定の期間までは中岡と龍馬の評価に大した差はなかった。現在のイメージとは違いますね。戦後、特に平成に入ってからの龍馬人気は非常に高まってきた。本人達も驚いているんじゃないでしょうか。

中村　司馬遼太郎さんの書かれた『竜馬がゆく』や一般的なイメージでは、龍馬の書いた青写真こそが明治維新、新国家建設のグランドデザインだったというものです。しかし実際はそうではなかった。

磯田　五箇条の御誓文では「広く会議を興し、万機公論に決すべし」とされていますが、帝国議会を開くまででも何十年もかかっています。龍馬の抱いていたような、国民の総意を議場で固めていくボトムアップの国家づくりは、福沢諭吉や大隈重信らに受け継がれていきますが、明治維新にすぐに反映されたわけではない。政治思想を考えていっても、龍馬という人物はいよいよよくわかりませんね。龍馬の思想はいつも変化していて、龍馬の真意は奈辺にありや、です。

殺害される前の状況を考えても、信じられないくらい無防備です。こんな言い方をすると龍馬に怒られるかも知れないけれど、龍馬は自分で自分を殺してしまったと言われても仕方がないほど無防備でした。「早く土佐藩邸に移れ」と言われても行かない。木戸孝允が「狼や豹のいる時代だから気をつけろ」と言って手紙を送ったり、高杉晋作が護身用のピストルを渡したのも当たり前で、他人からみても危なっかしいところがあったのでしょう。

中村　そこに龍馬の人生観が反映されているような気もします。龍馬が姉の乙女にあてた手紙にはこんなことが書かれていました。

「元々運の悪い者は風呂から出ようとして、金玉を打ち割って死んでしまう。それとくらべて私などは、運が強くて死のうと思っても死なない」
思わず笑ってしまうような傑作ですが、龍馬の人生観がよく表れています。

磯田　そういうところが愛されるゆえんかもしれませんが、それゆえに、龍馬は命を落としたとも言えます。龍馬のいない明治国家は、やがてトップダウンの権威主義国家になってゆくのです。

中村　「龍馬暗殺」という表現に含まれる悲劇性も、龍馬のイメージを膨らませる一つの要因になっているでしょうね。

脳化社会は江戸から始まった
×
養老孟司

近世は見たり触れたりできない「孝」や「身分」などに
支配されたシンボリズムの時代だった
リアルな自然とのつながりを取り戻すためには?

ようろう・たけし　1937年生まれ。解剖学者。東京大学名誉教授。89年『からだの見方』でサントリー学芸賞受賞。大ベストセラーの『バカの壁』シリーズはじめ、『唯脳論』、『考えるヒト』、『無思想の発見』など著書多数。

近世で「ボキャブラリーの爆発」が起きた

磯田　『バカの壁』（養老孟司著・新潮新書）を読んで、日本人が知らず知らず取り囲まれている「壁」に興味をもちました。養老先生は以前から「脳化社会」という言葉でその問題を指摘されていますが、脳化社会は近世の江戸時代から始まっているそうですね。私も脳化社会が中世以前に存在したとはどうしても考えられず、やはり近世という長い時代のなかで成立した社会ではないかと思います。

仮にこれを「シンボリズムの近世」と定義してみましょう。江戸時代は制度や慣習が非常にシンボル化された社会で、日本人全員がその様式を守って行動している。全人口のなかで、権力者だけがシンボル化された社会で暮らす時代は中世以前から存在しました。しかし、末端の庶民に至るまでほとんどすべての人間がシンボル化された社会で暮らしているのは、前近代では地球上探しても少ない。

対照的に中世は、信長や秀吉に代表されるように戦乱の時代が最後に到達した「リアリズムの極致」だったと思います。それを考えると、近世はシンボル的なものを守っていくことで平和を保っていたともいえるでしょう。

養老　非常に分かりやすい表現ですね。近世、江戸時代のシンボリズムには具体的に何がありますか。

磯田　近世が中世と違うのは、「忠」や「孝」といった見たり触れたりできない多くの概念を理解していないと、人が人として暮らせない新奇な社会になっている点です。

養老　江戸時代のシンボリズムの観点からみて、『武士の家計簿』（磯田道史著・新潮新書）で面白かったのが、武士は武士としての体面を保つために使うお金が最優先であって、「衣食住」といった実用的なお金が二の次になっていたことです。

磯田　そのとおりです。「食」といったまさしく即物的でリアルな世界に消費が向かうのではなく、武士としてのシンボル的な体面を保つための費用、たとえば交際費や儀礼行事にお金が消えていく。私は武士の「身分費用」と表現していますが、多額のシンボル費用が必要なために家計が窮乏化していたのが武士社会の最後の姿だったと思います。

養老　関東の人間は「見栄っ張り」とよくいわれますが、シンボリズムの意味が薄れて、たんなる「見栄」というかたちで残っているのかもしれませんね。

磯田　関東の江戸は、それらのシンボル的なものを移植してモデルとして国家をつくった近世の人工国家の中心だったといえます。だから、東京人は関西に比べて体面にこだわる。大阪の人はもっと実利的でリアリストです。古代や中世の伝統が残存しているのかもしれません。

養老　日本の地史的な区分が、東日本と西日本の真ん中できれいに分かれているという説ですね。実際、地理的に見ても東日本と西日本は違うプレートに乗っており、フォッサマグナ（日本列島を南北に縦断する大地溝帯）で分かれている。

日本が真ん中で切れていることは自然科学でも文化でも、地史的に一致します。昔の人間は自然環境にいまより強く影響されていますから、東日本と西日本で生活がもともと違っていたとしてもおかしくない。私の趣味は昆虫採集ですが、日本のなかでも昆虫分布の「ウォーレス線（生物地理学上の境界線）」が引けるのですね。人間の歴史も地理的な影響で同様のウォーレス線が引けるのではないかと思います。

磯田　そうですね。馬を飼っている地域と牛を飼っている地域が、江戸時代から中部地方で分かれています。おおむね西日本は牛で東日本は馬ですね。ただし九州は複雑ですが。

江戸時代に脳化社会が成立した原因は農業の形式が変わったことではないでしょうか。中世農業と近世農業のどこが違うかといいますと、中世農業は非常に集約的で「安寿と厨子王」ではないですが、親方みたいな大百姓が村に数人いて、彼らだけが自由な農業経営者。あとは下人です。自分で考える脳は必要ない従属労働者の人口比が非常に高かった。結婚もさせず、文字どおり身体として使っていたのです。

養老　労働力そのものというわけですね。

磯田　ところが近世になると一変します。五人ぐらいの家族が一軒一軒、独自の経営主体となって生産物をつくっていく社会が出来上がりました。また領主に年貢を納めるときも「全員、判子を持つように」という法令が出て、一軒ずつ印鑑を押して自分の責任で年貢を納めるかたちになります。これは計算など抽象的な概念を理解できていないと不可能です。おそらく近世前期で一気に識字率が上昇したのでしょう。また、日本人のあいだで「ボキャブラリーの爆発」が起きたのです。語彙が増えると、シンボルを理解できるようになります。

それ以前の中世の人が理解できる概念といえば、神や仏ぐらいだったかもしれません。しかし近世になると忠や孝、貨幣や両替といった細かな概念の語彙が増えて、それを処理する脳中心の社会になる前提をつくったのだと思います。

養老　百姓はバカではなくなり、中世よりはるかに脳を使って暮らしていたのですね。

江戸は「軍事国家」ではなく「土建国家」

養老　私はいつも古い環境を復元できないかと考えています。つまり、人が渡ってくる直前の日本列島の状態はどうだったのか、だれも住んでいない場所にどうやって人が住み着いて、どう自然を変えていったのかと思案しています。

中国地方の三瓶山《さんべさん》で、火山灰に埋もれた四千年前の森が当時の状態のままで発見されたのを見てきたのですが、巨木がその村の近所に残っているんですね。建築史学がご専門の藤森照信氏（東京大学教授。現名誉教授）に聞くと、「縄文時代は巨木の時代です。なぜなら石の斧ではあんな巨木は切れませんよ」と答えられました（笑）。

だから、人間の住んでいる近くに巨木が残っているのは、巨木をわざと選んで残したのではなく、切れないから残したんですね。縄文時代には巨木が多く残っていて、それを何とか切って造ったのが三内丸山《さんないまるやま》遺跡の列柱ではないでしょうか。出雲大社もまだ巨木が残っていた時代でしょう。だから、古代までは自然が保護されていたと主張される方もいますが、むしろ切ることができないから巨木が残されただけだと思います。

磯田　それが奈良時代になると、東大寺を造るための材木を集めるのに困っていますから、巨木はもう残っていなかったのでしょうね。古墳時代から国内で鉄の生産が始まりますし、めぼしい木は材木や、塩や鉄をつくるための燃料に切られてしまう。

江戸時代の自然の大改造には特筆すべきものがあって、近世になると年貢というかたちで税金を集めて、それを土木工事へ投入するシステムの国家がつくられました。よく近世は武士の社会だから「軍事国家」だと思われますが、じつは近世につくったのは「土建国家」の基礎だったと思います。GDPの大きな割合を軍事費に使うアメリカと、土建など公共事業に使う日本という構図は、近世につくられたのではないでしょうか。

養老　それが時代を経て田中角栄に受け継がれるわけですね。非常に面白いご指摘です。なぜなら田中角栄はアメリカと対峙したわけですから、じつに好対照です。

磯田　近世の殿様が神のように民衆から畏《おそ》れられたのは理解できることで、名君と言われた人は土地開発などの大土木工事を行なってきた人たちです。干拓などは最たるもので、堤防を築いて、昨日まで波に洗われていた場所を一面の田んぼにするのです。

エジプトのファラオに譬《たと》えるのはオーバーですが、神様と見まがうぐらいの衝撃を領民は受けたと思います。一夜にして海を陸にする力。この権力を見たとき、殿様の権力とその行政能力に対する領民の信頼は大きかったと思います。このことが日本の根強い「官への信仰」に繋がっているのではないでしょうか。

自然科学の目で日本人を見ると？

養老　歴史というと人間の歴史だけを考えがちですが、自然史と結びつけるとさらに面白くなると思います。私は自然と歴史の関係に注目して、富士山がいつごろできたか調べてみました。すると八万年前、つまり人間が来たころに噴火が始まったんですね。いまの青木ヶ原の樹海は貞観《じょうがん》年間、つまり紀元八六〇年ごろの噴火でできた溶岩原で、それから千二百年ほどで現在の樹海の森の状態になります。

磯田　意外に新しいものなんですね。

養老　だから、浅間の鬼押出しがあと千年ほどたつと、かなりの樹林になる。では桜島はどうなるか、などと日本中を渡り歩いて比べると非常に楽しい。富士山麓で昆虫を捕っていると、青木ヶ原にまだ侵入してない虫がいたりします。そのあたりの微妙な違いが日本では歴史が古いこともあり、記録がきちんと残っている。

磯田　私のような「古文書屋」にとって、虫というのは不倶戴天の敵なんです。鹿児島へ行くと史料が虫に食われていて、「なんでこんなに虫にやられているのか？」と聞くと、地元の人が「私たちが直面している虫は、あなたの地域のよりもでかいんだ」とおっしゃる（笑）。たしかに夜中に宿屋で見たゴキブリは子供の草鞋《わらじ》のような大きさでした。昆虫は緯度が下がって南に行くほど大きくなるのでしょうか。

養老　昆虫の場合、同じグループでも南に行くほど大きいのが目立ちますが、じつは南に行くほど多様性があって、小さいのから大きい種類までいるのが事実です。当然、大きいほうが目立ちますから印象に強く残るわけですね。

磯田　それで納得しました。南に行くほど一定の空間に生き物が生きられるキャパシティが大きいのでしょうね。

養老　そうです。また琉球などの島のほうが古文書の保存はいいでしょう。なぜなら種類数はその土地の面積に対して等比的です。生態系が成立するためには、面積が十倍ぐらいにならないと種類数は倍にならないのです。

磯田　その法則は人間にも当てはまって、日本みたいな島国は、個性豊かな人間の種類は少なくなるのでしょうか。

養老　そのはずですよ。日本人が均質的に見えるのは主観的な問題ではなく、客観的な事実かもしれません。また大陸の生き物のほうが基本的に強く、島の生き物は大陸の生き物と競争するとたいてい負けます。だから日本では移入種が強いでしょう。大陸の生き物は種類が多くて、異質なものがどんどん入ってくるから競争が厳しい。島の場合、競争が生じにくいので安定して生きていけます。江戸時代は典型ですね。

磯田　日本の歴史を見ても、大陸で勝ち残った政治手法や文化技術をいち早く日本に取り入れた勢力が権力を握っています。その結果、日本人は外来の思想や学問、技術に対する信頼度がきわめて高い国民性になっています。しかし、十倍の面積で生き物の種類数が倍になるといった自然科学の発想は非常に面白いですね。

養老　ある段階になると、自然科学と人文学の区別はなくなります。歴史を地史と絡めて考えてみても面白いでしょう。気候の変化はとくに重要で、その時代の生活が見えてくる。

磯田　なぜ江戸時代の初頭に農業技術の転換が生じたかというと、一六三〇年から五〇年にかけては地球規模での寒冷期に当てはまり、気候的に大きなストレスが加わったためです。ロンドンでは川が凍ったりしました。日本でも飢饉《ききん》が続発し、生き残るために社会経済の転換が強制され、中世から近世へ移るきっかけとなったのでしょう。教科書には書いてないですが非常に重要な歴史の側面だと思います。

歴史に現れない無意識の影響

養老　思わぬ自然変化が歴史に影響するのは、近い時代だと関東大震災がありますね。阪神・淡路大震災のあとＰＴＳＤ（心的外傷後ストレス障害）が問題になりましたが、関東大震災でもそれがないはずがない。関東大震災では被服廠《ひふくしょう》跡だけで四万人近くが焼け死にますが、あれだけの災害が一度に起こると、その後、被害に対して感覚が鈍くなる。

麻雀に「役満振り込み説」があって、役満を振り込んだら、あとは何を振り込んでも大したことはないと感じる。私は関東大震災が次の太平洋戦争に関係していると思います。つまり、日本がなぜあんな乱暴な戦争をしたかというと、大災害で被害に対するセンシティビティが鈍くなったからではないでしょうか。関東大震災で完全に東京の政府が潰れて、関西に政府ができていたら、その後の展開は違っていたと思います。

磯田　国全体を焦土にしてでも戦いつづけると指導者が叫んだとき、関東大震災は災厄に対する慣れというかたちで、国民に受容しやすい変な雰囲気をつくってしまったのですね。

養老　歴史に現れない無意識の影響があった。そうでなければ、竹久夢二や「モボ・モガ（モダンボーイ・モダンガールの略）」が生まれた現代の先駆けのような大正時代から、なぜ軍国主義が突然に発生するのかが分からない。
また京都の人が「この前の戦争」と聞くと、応仁の乱のイメージがあるそうです。大阪が太平洋戦争で焼けたのを見て、京都のおばさんが「東京で始めた戦争でこんな焼け野原になってしまって」といっていました。京都の人には「東京で始めた戦争」という感覚があるんですよ。

磯田 京都が大災害（戦災）を経験したのは幕末維新が最後で、一八六〇年代から経験していないわけです。そういう都市と、大震災や空襲を経験している東京とでは考え方が違ってくるのは当然かもしれません。

養老 そうですね。戦後の日本を考えますと、天皇に対する考え方はもちろん、戦前の日本を支配していた社会の仕組みがガラッと引っくり返ったわけです。
私は解剖学に進みましたが、昭和二十（一九四五）年卒の教授が二人いました。二十年卒ということは、戦争中は学生でかろうじて生き延びた人です。その方がポツンと「医学部を出て解剖学に入った理由は確実なものを探したかったからだ。医学のなかで解剖学がもっとも確実なものだ」と漏らしたんですね。つまり、これより死ぬことはないから変わりようがない。

戦後の松下電器もソニーもホンダも、モノづくりに賭けた背景には同じ考えがあったと思います。つまり物量で戦争に負けたわけですが、敗戦という社会的な価値観の大変動が起きても、科学や技術はけっして変わることがないという確信に行き着いた。

NHKの「プロジェクトX」という番組が流行りましたが、若い人から見ると「なんであんなに一生懸命だったのか」と不思議に思うかもしれない。しかし、その背景には、自分の一生を賭けるなら簡単に引っくり返るあやふやなものよりも、確実な何かを求める気持ちが戦後の日本人には強かったことがあるのではないでしょうか。海軍の技術将校の多くは工業分野に入りましたが、私が使っている電子顕微鏡のメーカーは海軍の人がつくった会社ですからね。

磯田　ドナルド・キーンさんが日本人の捕虜を尋問して同じ答えが返ってきたとおっしゃっていました。キーンさんは情報将校として捕虜を尋問するわけですが、ある捕虜がキーンさんと別れるとき「あなたは人の問題について、大変な学者になられると思う。私は人ではなくモノの分野に入っていこうと思う。あの戦争を経験したらモノへ行かざるをえない」と告白して復員する。その後、キーンさんは日本人の心を探究するようになり、その方は徹底してモノの分野を追究したそうです。

養老　最近は心の時代といいますが、これまでモノ中心で突き進んできて世の中が荒《すさ》んだことに対する反動もあるでしょう。今後、日本のモノづくりがあまりよくないと思うのは、戦争を経験した人がもっていたモチベーションが、いまの人にはないからです。戦後のモノづくりは戦争の反動でもありましたが、反動ゆえに次第に薄れていきます。純粋にモノづくりに賭けるという人が平和の時代からどの程度出てくるのか。

都会の人間は田舎に「参勤交代」せよ

磯田　話をまとめると、まず中世までリアリズムの時代が続いたが、近世の江戸時代の初頭から脳化社会というシンボルを重要視する理念的な社会が生まれた。太平洋戦争の敗戦でリアルなモノづくりの時代へ移りますが、現代が昔と異なるのは自然と離れたところでモノづくりをしている点ですね。

養老　当然、自然に対する見直しが起こってくるはずですが、まったく頼りない。現在、日本の自然を見直す仕事をしているのは官ではなく完全な民です。好きな人が勝手にやっている状況です。全部民間でやるべきだという考え方もありますが、国が自然を動かすと大きいですからね。まさに江戸時代の殿様のように自然を一気に変えることができます。

自然は基本的にデリケートなシステムです。しかし、そのシステムは非常に単純なもので壊せます。自然を構成する人間だって、殺すのにはナイフ一本で十分ですが、ナイフは人間に比べたらまったく単純な構造です。鉄砲の玉もそうでしょう。殺人とは、人が人を殺すことですが、理科的に考えると、人が人を殺すのは容易ではない。つまり素手で殺し合いをすれば、相手は逃げもするし抵抗もする。よほど力の差がないとできないですね。

ところが、ナイフのような非常に単純な道具を使えば、人間はころっと死んでしまう。いくらホンダが「アシモ」をつくるのに膨大なお金と時間をかけても、それよりはるかに複雑にできた人間をぶっ壊すのは、ナイフ一本で事足りるんですよ。

この価値観の落差こそが、本来人間を殺してはいけない理由ですね。それは結局、システムをいかに尊重するかです。人間は月まで飛ぶロケットをある意味簡単につくれますが、ハエや蚊をつくることはできない。同じ飛ぶにしても、システムとしてのハエや蚊の高度さは、ロケットなど問題ではないのです。「お前、蚊を一匹潰したな。代わりに蚊を一匹つくってみな」といわれたら完全にお手上げですよね。

磯田　そうですね。細菌の鞭毛の先さえも、われわれはつくることができません。

養老　こういったシステム論を十九世紀の後半から科学は無視してきました。学者が論文ばかり書いてきたせいです。生物に関する論文をいくら集めても生物にはなりません。システムを情報に変換するのが学者の仕事ですが、システムは複雑なものですから自分ではつくれない。工学的にいえば、同じモノがつくれたときが、最後に「分かった」というときですね。

磯田　自らつくったものが同じように生きて動いて、初めて生き物が分かったといえるわけですね。「再現性」が科学においては重要なのでしょうか。

養老　そのとおりです。生物に関していえば同じものはつくれません。そう考えれば、およそ自然を考えなしに壊していくことが間違いだと分かるはずです。ある高校生が「ブタなどの家畜を殺して食べているのに、どうして人間を殺してはいけないんだ」という質問をしたんですが、その答えは「ブタの再生産は家畜というかたちで確保されているが、人間はそうではない」ということになります。

磯田　人知でもって再生不可能なものを壊すことは、よほど考えなければならない。それは自然破壊をしてはならないことの一つの理由になりますね。

話は少し変わりますが、以前「人間の手が加わってないものを見ずに一日を暮らすことはいけない」という養老先生のお話を聞いて感動したことがあります。私も人間の手が何も加わっていない自然物を見ずに一日を過ごすと、何かおかしくなるんです。インタビューで「趣味は何ですか」と聞かれたことがありまして、「田舎に帰ったとき、夜中に懐中電灯をもって家の前の小川に行って、川エビがいるかを見ることです」と答えました。川エビがいることを確認するという、その行為が私にとって非常に重要なことなんです。

また食べ物でも、売るためにつくった作物ではないものがよい。先日、それが食べられたので非常に嬉しかったんです。沖縄のどこかの山で千切った実をもらったのですが、それをガリガリ町の真ん中で齧《かじ》る。これは何ともいえない心の栄養があって、やはり人間は自然物なのだと感じます。

養老　そのセンスがある人とない人がいるかもしれないですね。ない人は何も感じない。

磯田　だから、再生不可能な自然に対する畏怖や謙虚さを身につけるために「まず子供に自然物を見せよ」と私は主張したいんですね。とにかく触れさせよ、と。自然を大切にすることは、人間に対しても社会に対しても相手を大切にすることに繋がると思います。自然の凄さに素直に感動する気持ちをもってリアルにものごとを捉えて行動することが、これからの時代を生きていくうえで大事ではないでしょうか。日本人の底力は、そういうところから出てくるような気がします。

養老　最近、私は「都会の人間は全員、田舎に参勤交代しろ」と主張しています。田舎へ年に一カ月は行くべきなんです。しかし、日本はだれかが一カ月休みをとって田舎に行ったりすると、帰ってきたら机がなくなっていたりする国でしょう（笑）。だから、全員に強制しないと駄目です。順繰りに職場を休んでいって、その連中は田舎で自然を見ながら別の仕事をしていてもいいし、都会で疲弊した身体を修復するのもいい。

一時、レジャーブームで田舎にレジャー施設や大きなビルが建ちましたが、日本人は結局使わないんです。「温泉に入って遊んでいろ」といわれても、一日で退屈してしまう人ばかりです。それなら田舎には間伐しなければならない森がいくらでもありますから、人件費をタダにして働かせたほうがいい（笑）。

なにも労働させればいいといっているのではなく、自然のなかで身体を使って働いた途端に考え方や感じ方が変わってくるものなんですね。自分のどこが変わるか具体的に分からないところが面白い。それがほんとうのレジャーというものでしょう。そのように自分と環境を変えなければ、都会で同じ暮らしを繰り返して、毎日同じ人の顔を見ているのでは閉塞状況に陥って当たり前だと思います。

鎖国か開国か？
グローバリズムと日本の選択
×
出口治明

「鎖国」と「開国」――世界史のなかで、日本は
常に二つの選択の間で揺れ動いてきた
激変の戦国、幕末から現代日本の進むべき道を探る

でぐち・はるあき　1948年生まれ。前立命館アジア太平洋大学学長。日本生命を経て、現ライフネット生命保険を設立。『仕事に効く 教養としての「世界史」』、『0から学ぶ「日本史」講義』ほか著書多数。

江戸幕府が「開国富国強兵」していたら

出口　日本の歴史を近現代の世界史のなかで眺めてみると、どのように見えてくるのか。今日はそれを磯田さんに教えていただきたいと思っています。かりに「近現代」を十六世紀以降とすると、日本は世界史のなかで大きな選択を二つしています。江戸時代の「鎖国」と幕末維新の「開国」です。

僕はつねづね、江戸幕府はなぜ「鎖国」なんてバカなことをしたんだろう、と思ってきました。「鎖国」をしなければ、日本はもっと早く近代化を迎え、大国となり、人々が豊かに平和に暮らせる国になっていただろうと。

しかも、江戸幕府が開かれる前の安土桃山時代は、明治政府が後に採ることになる「開国富国強兵」路線を選択する絶好の時機だったのです。

今の日本人は日本を「極東の島国」だと捉え、周囲を海で囲まれ、孤立しやすい小さな国だと考えがちですが、英国の経済学者アンガス・マディソンの研究（『世界経済史概観　紀元1年―2030年』）によれば、安土桃山時代（一六〇〇年）の日本は人口千八百五十万人で、世界総人口の三・三％、GDPは二・九％を占めていました。お隣の中国（明）

が人口二八・八％、ＧＤＰ二九・〇％で世界最大、インドが二四・三％、二二・四％で第二位ですが、その後に続く国は、フランスが三・三％、四・七％、ドイツは二・九％、三・八％、イタリア二・四％、四・三％といったところで、日本は三位グループにつけていました。後に世界を制する英国は当時、一・一％、一・八％にすぎませんでした。

技術水準も産業革命以前ですから、日本と西欧で、それほど差があるわけではありませんでした。日本には、当時の世界の三分の一の銀を産出していたといわれる石見《いわみ》銀山などがありましたから、明やポルトガルなどの船がその銀を目当てに来航し、日本はそれらの国々と盛んに貿易をしていました。戦国から安土桃山時代の日本は、すでに十分に「開国」されていて、世界の情報もそれほどのタイムラグなしでキャッチすることができました。あのとき世界商品だった銀を元手に次の世界商品をつくり出すことを目指して、「鎖国」ではなく、「開国富国強兵」路線を採っていれば、西欧とほぼ同時期に国民国家をつくり、産業革命を成し遂げていたことでしょう。

磯田　江戸幕府が「鎖国」をしていなかったら、キリスト教徒がもっと増えて、スペインやポルトガルの植民地になってしまったのではないか、とよくいわれますが、当時の日本を軍事的に征服できる国はなかったと思います。最近の研究では、豊臣秀吉は朝鮮出兵のときに四十八万人の兵を国内で動員していますし、火縄銃も数十万丁ありました。銃身内部に螺旋《らせん》状の溝を施し、射程を伸ばし、命中精度を高めたライフル銃が普及するのは十九世紀のことですから、日本の火縄銃で西欧の軍隊には十分対抗できたでしょう。総人口も、一七〇〇年代には三千万人に達しますので、当時の世界人口六億人の五％です。江戸前期に二十人に一人が日本人になったということです。

倭寇が「鎖国」を招いた

出口　それなのになぜ「鎖国」したのでしょうか。

磯田　日本国内の事情と国際情勢が複雑に絡み合って、いわゆる「鎖国」という選択がなされたのだと考えられます。

まず、国際情勢から考えるとすれば、江戸時代以前、中国で明が成立した一三六八年まで遡《さかのぼ》る必要があります。そのころ日本では、一三三六年に室町幕府が開かれたとはいうものの、南北朝の動乱がまだ続いていました。

平安後期、平清盛による日宋貿易以降、大量に流入した宋銭によって、鎌倉時代を通じて貨幣経済が浸透し、日本列島の経済の重心は、ますます西に移っていました。

また、成長が早く収量が多い大唐米が、鎌倉時代に中国から伝わり、室町時代には西国を中心に普及し、農業技術の向上も進んで、生産性が上がり、人口も増えていきました。それに伴い西国では、開墾が限界に至るまで進み、人口圧が高まった。また、鎌倉幕府が滅亡し、日本を統治する強い権力が失われてしまったために略奪や不法占拠を行なう「悪党」のような武士集団が跋扈《ばっこ》するなど、全土で暴力をうまく統御できなくなっていました。そして、東シナ海に押し出された暴力が、十四世紀以降の「倭寇《わこう》」を生み出したと考えられます。

「倭寇」とは、十四世紀から十六世紀にかけて朝鮮半島南部や中国沿岸部で、殺人・略奪を行なった海賊集団のことですが、これは大きく二つに分類されます。つまり、十四世紀から十五世紀に壱岐《いき》・対馬《つしま》・北九州を拠点にして、主に朝鮮半島で活動した「前期倭寇」と、十六世紀に中国商人を中心として、日本人など多様な背景を持つ人々が結集し、主に中国沿岸部を襲った「後期倭寇」です。その規模は大小様々でしたが、数百隻、数千人という規模のものもあったといいます。こうなると、ほとんど戦争です。

出口　なるほど。でも、僕の理解では、「倭寇」の根本原因は、明の「海禁」にあると思います。「海禁」とは民間商人の貿易を禁止する政策です。明を建国した朱元璋は貧しい農民出身の見習い僧で、商業を蔑視《べっし》し、漢人による農業中心の古代的な帝国を復活させようとしました。

「倭寇」は「海賊」といわれますが、世界史を眺めると、「海賊」と「商人」はコインの表裏であることがわかります。強大な権力によって、平和が保たれている海で活動していた「商人」は、その権力が不在になると、自分の身は自分で守らなければならなくなり武装化せざるをえなくなる。そして、取り引きが普通に行なわれるときは暴力を振るわないけれども、うまく行かないときは、暴力で解決する。これが「海賊」です。

明の「海禁」政策は、「倭寇」の取り締りを室町幕府に求め、それと引き換えに幕府に「勘合」を支給して、国家間の「朝貢貿易」を認めました。しかし、室町幕府に東シナ海の平和を守れるほどの力はありませんでした。明も農業帝国を目指していましたから、沿岸の監視はしても、海の平和まで守る気概はなかった。困ったのは、「非合法化」された日本・朝鮮・中国の海の「商人」たちです。誰も平和を守ってくれない海で、自分たちの生業が「非合法化」されてしまったら、武装化し、「海賊」になるしかありません。

僕はよく「倭寇」を招いた明の「海禁」政策をシャッターを一方的に閉めたデパートに譬《たと》えるんです。明はお茶や生糸（絹）、陶磁器など、みんなが欲しがる世界商品を揃えた、今でいえば、新宿伊勢丹のような大デパートです。周囲の国の王侯や貴族が、ガールフレンドから「最新流行のおしゃれな服がほしい」といわれたら、買ってやろうと思いますよね。でも、伊勢丹に行ったら、シャッターが閉まっている。そうなったら、シャッターをガンガン叩いて壊し、力ずくで商品を奪ってくるしかない。明は交易を求めたモンゴルなど遊牧民の軍事的圧力を「北虜」といい、「倭寇」のことを「南倭」といいましたが、どちらも原因は、明がシャッターを閉めて、交易を制限してしまったことにあります。最初からシャッターを開けておけば、双方仲良く商いができて、無用な暴力が振るわれることはなかったはずです。

磯田　明の「海禁」が影響したのは当然の話です。貿易だけでなく、中国・朝鮮にすれば、秀吉の朝鮮出兵（一五九二〜九八年）は、その最大、最強の「倭寇」に見えたことでしょう。一方、秀吉にすれば、もう国内に分け与える土地がないので、増えすぎた武士を養うには、外へ出ていくしかなかった。

朝鮮出兵によって、朝鮮は国土を荒らされ、中国も国力を疲弊させ、日本は何も得るところがありませんでした。日中朝の三国が三世紀にわたる暴力の海にこりて、平和な海を取り戻すために、阿吽《あうん》の呼吸で共同歩調をとり、できあがっていったのが、東アジアの

「海禁」体制であり、のちに日本で「鎖国」といわれたものの正体でしょう。

そこで、「倭寇」の終結を期待された徳川家康はまず、秀吉の朝鮮出兵の戦後処理に着手しました。明や朝鮮との関係修復に努め、東シナ海、南シナ海を再び平和な貿易ができる海にしようとしました。

でも、皇帝を戴く明を中心とした華夷秩序のなかで、明や朝鮮と折り目正しい外交関係を結ぶのは、非常に面倒なんです。明と国交を結ぶには、足利幕府がしたように明と冊《さく》封《ほう》＝上下関係を結ばなければなりません。しかし、家康は明とも戦った朝鮮出兵に参加しているし、秀吉政権を継承した武家政権なので、臣下の礼をとるのは、なかなかに難しい。実際には、明には関係修復をお願いしたものの断られ、後に明を滅ぼした清によって、政治的関係抜きの通商関係が認められました。

また、朝鮮と日本が国交を結ぶのは、さらに面倒でした。明の華夷秩序の下に入るとすれば、ともに明の臣下、つまり明を宗主国とする藩属国として扱われるので、立場は対等です。しかし、藩属国同士の外交は想定されていなかったので、明確なルールが決められていませんでした。そのため、日朝外交には非常に繊細な外交技術が必要とされました。たとえば、江戸幕府と朝鮮はお互いに「先に書状を出してきたら、交渉に応じる」と言い張って、譲りませんでした。結局、日朝関係史の田代和生《かずい》氏が明らかにしているように、朝鮮とは間に入った対馬の宗氏が偽書をしたためるなど手練手管を駆使して、何とか国交を回復することができました。家康はまた、フィリピン、安南（ベトナム）、カンボジア、シャム（タイ）などに国書を送り、幕府が「朱印状」を発行するので、それを持たない船は「海賊」と認定し、それを持っている船には通商許可と保護を与えてほしい旨を伝えました。

出口　家康は「鎖国」一直線ではありませんでしたね。家康はイスパニア（スペイン）と手を結び、イスパニアの拠点であるマニラ、浦賀、ノビスパン（ノバイスパニア。現在のメキシコ）をつなぐ定期航路もつくろうとしていました。家康がもっと長生きしたら、「鎖国」していなかったかもしれません。家康が没した後、秀忠、家光とだんだんと「鎖国」に向かっていったのは、交易による利益よりもキリスト教徒への恐怖が勝ったからなのでしょうか。当時、日本にはキリスト教徒が七十万人ほどいたといわれていますが、これは当時の人口が千八百五十万人だとすると、だいたい人口の四％です。そんなに怖がる必要はなかったのではないでしょうか。

磯田　武士の世界の主従関係とキリスト教の信者と神の関係は両立しないところがある

んです。武士は主人に忠誠を誓うことで、土地を安堵されるのですが、キリスト教に帰依した武士は、主人への忠誠よりも神への信仰を上において、自分が安堵された土地を神に寄進してしまう可能性があります。これは実際に起こったことで、十六世紀にキリスト教に入信した大村純忠は長崎をイエズス会に寄進してしまいました。このようなことをされると、「御恩」と「奉公」による土地を媒介とした主従関係にひびが入り、将軍を頂点とした武士の世界の秩序が根底から崩壊する危険性さえあります。

それに加えて、やはり一六三七年の島原の乱の凄惨な戦いの体験が、その鎮圧にあたった幕府にキリスト教徒への決定的な恐怖を抱かせたのだと私は考えています。

このとき幕府側は十二万四千の大軍で島原の乱を鎮圧し、籠城《ろうじょう》していた二万から四万の人々を殺戮《さつりく》しました。幕府側にも一万二千人の死傷者が出たといわれています。当時の武士は百五十万人ほどでしたから、だいたい百人に一人の武士が島原の乱で死んだか怪我を負ったことになります。ちなみに私の先祖は当時、岡山藩の支藩に仕えていたのですが、親戚に丹羽次郎左衛門という人がいて、島原の乱において鉄砲で腕を撃ち抜かれ、帰国して有馬温泉で湯治した、という記録が残っています。

幕府は島原の乱の後、一六三九年にポルトガル船の来航を禁じ、一六四一年には平戸のオランダ商館を長崎・出島に移し、貿易相手をオランダと清の商人だけに限定しました。ここにおいて、いわゆる「鎖国」が完成します。一六四〇年には宗門改役《しゅうもんあらためやく》を設け、定期的に民衆がキリシタンではなく、いずれかの寺の信徒であることをひとりひとりチェックして、ハンコを押させる宗門改帳を整えていきます。ここまで執拗に管理したのは、島原の乱で味わった恐怖があったからこそでしょう。

でも、この体験は武士にいい影響も与えました。それは民をむき出しの暴力で従わせると、とてつもない代償を支払わされる、ということを武士に気づかせたことです。その反省が、民を大切に扱うことこそが、国を豊かにするという「愛民思想」を育んでいきました。それまでの武士には農民を人と思っていないようなところがあり、反抗しようものなら虐殺することもありました。島原の乱の犠牲が、その後の「生命の尊重」を根底においた「徳川の平和」を築かせたといってもいいでしょう。

「鎖国」体制は徳川家のためにつくられた

出口　江戸幕府は国内でも「鎖国」的な政策を採っていました。農民に移動の自由を認めず、土地にしばりつけていました。そのため藩はとにかく領地を開発して、民を大切にし、その潜在能力を高めること以外に豊かになる方法はありませんでした。

磯田　天下泰平が訪れると、殿様は「仁政」をやって民を「撫で育て」なくてはいけないとの思想が広まり、全国で新田開発が進みます。十六世紀末に二百万町歩（二百万ヘクタール）だった耕地面積が、十八世紀初めには三百万町歩（三百万ヘクタール）と百年で一・五倍になりました。それに伴い、人口も千八百五十万人から三千万人近くに増えました。

出口　近代化以前では、一七〇〇年ごろが日本の国力のピークです。世界に占めるGDPシェアは四・一％、人口シェアは四・五％まで高まりました。しかし、それ以降は低成長時代に入り、明治維新直後の一八七〇年では、GDPシェア二・三％、人口シェア二・七％まで落ちこみました。交易で国富を増やすことができなかったからです。しかも、江戸時代の日本人の平均身長・体重は、日本史上最も小さくなってしまいました。農民に移動の自由がなかったので通婚範囲が限定され、食糧をよそから持ってこられなかったので、凶作は飢饉《ききん》に直結したからです。腹一杯食べられて、行きたいところに行けるのが民衆の幸せだという価値観に立てば、江戸幕府は民を幸福にしたとはいえないでしょう。

磯田　徳川は石炭石油の機械生産を独自に起こさず、西欧がやったので、GDPの世界シェアは低下しました。農民は移動の自由はわりとありましたが、海外へは難しいものでした。身も蓋《ふた》もないことをいえば、江戸幕府は民のためではなく、徳川家のためにつくられた体制なんです。「鎖国」も同様です。これまで東アジアの国際情勢やキリスト教への恐怖と対外交渉の制限に至った国外の要因を語ってきましたが、最大の理由は国内にあったと私は考えています。徳川家による支配を永続させるために必要だったのです。民の幸福の点では、東北日本は苦しく人口減、西南日本は富裕になって人口増です。

家康は江戸幕府による支配体制を盤石にするために、次のように考えたと思います。

関ヶ原の戦いに勝ったのち、徳川家は親戚と譜代の家臣も入れると、日本の総石高の約三割の千二百万石をおさえることができた。動員できる武士は、石高に比例し、一万石あたり四百人を動員できるが、徳川家に次ぐ石高を領有するのは、加賀前田家で百万石だから、単独で反乱は起こせない。徳川家以外の大大名が束になって、かかってこなければ、徳川が敗《ま》けることはない。

しかし、この必勝体制を守るためには、石高＝動員兵力＝戦力の公式が常に成り立っていなければならない。この公式が成り立つためには、重要な前提がある。それは大名が農地からの年貢以外の収入を得ないこと。もう一つは日本全国で武器の技術水準がほとんど同じで、動員兵力が多い方の優位が揺らがないこと。

その前提を守るためには、大名に貿易をさせてはならない。貿易によって石高以上の収入を上げ、優れた武器を輸入されれば、徳川家の優位は崩壊するだろう。

これは石橋を叩いて渡る家康の杞憂《きゆう》ではありません。たとえば、関ヶ原での東軍勝利に大きく貢献し、五十二万石の福岡藩主となった黒田長政は遺言で、父の如水（官兵衛）と私は家康に大変な恩を売ったので、黒田家の子孫が何か過ちを犯したとしても許されるだろう、と述べた上で、福岡藩に貿易が許されれば、博多に日本の富の過半が集まるだろう、といっています。如水は関ヶ原のとき、お金で兵を雇い、九州をほぼ勢力下におさめ、天下をうかがった戦国大名です。長政も幕府が揺らいだときには、貿易をすれば、幕府を倒せるぞ、と暗にいっているのです。

このような思考から導き出されたのが、幕府が貿易を独占し、対馬の宗氏や蝦夷地の松前氏のような例外を除いて、大名には貿易をさせない「鎖国」だったとも考えられるのです。

幕府はさらに用心深く大型船の建造を禁止しました。これは、大量の兵を軍艦に載せて、直接、江戸に上陸し、幕府を倒す作戦を採らせないためです。江戸上陸作戦を封じておけば、西国の外様の雄藩は、倒幕の烽火《のろし》を上げて、江戸に東上しようにも、彦根藩の井伊家を筆頭に東海道や中山道など江戸に通じる大きな街道に配された親藩・譜代の大名を陸路でひとつずつ撃破しなければなりません。家康は貿易で富を蓄え、そのお金で大型軍艦と最新兵器を購入した藩が、幕府を倒そうとすることをもっとも恐れていたと思われます。

出口　それを行なったのが、まさに幕末の薩長ですね。家康の予測は当たっていた。「鎖国」は徳川家の安全保障のためだった、という説には、合点がいきますね。

二百六十年続いた「徳川の平和」によって、日本は得たものも多いと思いますが、その間に西欧諸国では産業革命が起こり、国民国家が成立していった。「鎖国」をしなければ、この差は生じなかったのではないでしょうか。

磯田　そうかもしれません。でも、「開国」をするやいなや、百年、二百年の遅れを瞬く間に取り戻してしまった。私は逆に「鎖国」していたのに、なぜそこまで猛烈なスピードで西欧に追いつくことができたのかをよく考えます。

初めてやって来た「黒船」はロシアだった

出口　それはなぜだとお考えですか。

磯田　いくつもの理由が考えられますが、まず思いつくのは、日本人は外国に出ることは禁じられていましたが、海外からの情報は遮断せず、むしろ非常に積極的に入手していたことです。近年では、漢訳洋書といって、漢文に訳された西洋書で知識を採り入れていたこともわかってきています。特に徳川吉宗が行なった漢訳洋書の輸入禁止の緩和は英断でした。これによって、西欧の同時代の科学技術を摂取することができたからです。

出口　でも、「鎖国」をしているがゆえに、洋書ひとつ買うのにも、オランダ商人に足下を見られ、家屋敷を売ることもありました。「開国」していれば、そこまで高くならなかったでしょうから、「鎖国」によって、莫大な「機会損失」が生じていたことになります。

磯田　あるいは、日本中から秀才を数名集めて、キリスト教には入信しないという条件で、遣欧使を派遣していれば、もっと早く近代化が始まっていたかもしれません。私は近代化や西洋化を急ぐのが必ずしも良いとは思いませんが。

出口　「鎖国」の幕藩体制下でも「開国富国強兵」という明治維新で実行に移された思想の下地が、醸成されていました。そのことも「開国」成功の一因でしょうか。

磯田　倒幕を目指していると疑われるので、「強兵」は強く押し出せなかったのですが、すでに十八世紀には海保青陵、本多利明らが、開国による貿易で国を富ますべきだ、という思想を説きはじめていました。

また、今の日本人は「開国」というと、一八五三年、ペリーの黒船来航以降の歴史を思い浮かべるでしょうが、実際にはそれよりも半世紀ぐらい前から、日本は徐々に「開国」の予行演習をしていました。アメリカの黒船が一気に日本を「開国」させ、近代化を始めさせたという、この物語は戦後、日本を占領したアメリカが「何でもアメリカのおかげ」だと日本人に思い込ませるために刷り込んだものかもしれません（笑）。

江戸時代の日本に初めて来航し、通商を求めてきた外国はロシアです。一七九二年にラクスマンが根室に、一八〇四年にはレザノフが長崎に通商を求めて来航しましたが、幕府はいずれに対しても、通商を拒否しました。しかし、一八〇六年にはロシアの軍艦が樺太《からふと》南部の松前藩施設を襲撃し、一八〇七年には、択捉島《えとろふ》の幕府警備施設が襲われました。これに対して、幕府は蝦夷地に出兵し、「ロシア船打払令」を出しました。その緊張の高まりは、日露戦争がいつ起こってもおかしくないほどでした。しかし当時、ロシアはナポレオンと戦っていたので、それどころではなく、幸い戦争は起きませんでしたが、この「露《ろ》寇《こう》事件」は、「開国」か「鎖国」かの議論を深めることになりました。ロシアとの武力衝突も含めた外交の蓄積があったからこそ、幕末明治のときに比較的スムーズに国を開けたのだと思います。

出口　そもそも十九世紀に入るころに「鎖国」以来、静かだった日本近海が、騒がしくなってくるのは、日本がかつての銀のような世界商品をつくれるようになったからでしょうか。十六世紀には、日本は銀を輸出し、明の良質な生糸を輸入していたので、日本の生糸産業は壊滅しましたが、それが十九世紀には復活していましたね。

磯田　十九世紀には西洋列強の側にも中国だけでなく、日本とも通商しなければならない様々な事情がありました。そのころ貿易によって東方に領土を拡張していたロシアは、日本と通商を始めて、アリューシャン列島でとれる乾魚、塩魚、鯨油などを売り、日本からは織物や米麦、銅鉄器を輸入して、シベリアで売りさばこうとしていました。また、英国は生糸、アメリカは鯨油などを求めて日本に来航しました。日本には茶葉もある。西欧とアメリカが日本にやって来たのは、産業革命を経て、本格的な経済成長が始まり、ブルジョワが勃興し、都市の住民が増えて、これまで上流階級しか買えなかった世界商品への需要が飛躍的に増えたからではないでしょうか。英国では生糸でつくられた服を着たい中間層が増え、アメリカでは、開拓者の家でも、鯨油ランプが灯されるようになっていました。

出口　英国のティーというといかにも上流階級の文化のようですが、十九世紀に紅茶と砂糖の需要が非常に増えたのは、都市の工場労働者の食事として砂糖をたっぷり入れた紅茶が定着したからです。温かくカフェインが入った紅茶とすぐにエネルギーになる砂糖によって、労働者が長時間、元気に働けるようになったのです。

磯田　世界商品への需要が劇的に増えると、それに応えるために世界経済の構造が大きく変わるんです。中国とインドが著しい経済成長を遂げ、中間層が爆発的に増え、先進国の中間層と同じ世界商品を求めはじめた現代社会には、十九世紀に匹敵する変化が起きているはずです。

日本が西洋の科学技術を採り入れられた理由

出口　話は戻りますが、ロシアに続いて、一八〇八年には、英国の軍艦フェートン号が、長崎港に不法侵入しました。そして、黒船来航前に日本の危機意識を決定的に高めたのは、やはり一八四〇年のアヘン戦争ではないでしょうか。仰ぎ見ていた中国が英国に戦争で敗北したことは、日本人に強烈なショックを与えました。アヘン戦争で清の軍隊を指揮した官僚・林則徐は集めた洋書を友人の学者・魏源に託し、翻訳を依頼しますが、魏源が翻訳した『海国図志』に記された当時の世界情勢や「夷の長技を師とし以て夷を制す」という思想は、佐久間象山や吉田松陰など幕末の志士に多大な影響を与えました。

磯田　日本が「夷の長技を師とし以て夷を制す」を実行できたのも、「開国」とその後の近代化がうまくいった理由の一つです。なぜ中国（清）は実行できず、日本が実行できたのかといえば、日本の実権を握っていたのが、武士だったからでしょう。武士の権力と権威の源泉は、「武威」にあります。要するに戦争に強いから、みんなが従っている。だから、戦争に敗けてしまうと、その権力と権威は一気に失われます。だから、アヘン戦争のように軍事的に敗北することは受け容れがたい。武士には清の官僚のように、軍事的には敗けたが文化的にはこちらが優位に立っている、というような言い訳は許されません。武士は敗けたら、次は勝つしかない。だから、武士は西欧の持つ技術を素直に採り入れるしかなかった。

出口　でも、いくら海外からの情報や技術を積極的に採り入れても、大久保利通や伊藤博文のような優れたリーダーが的確な判断と決断をしなければ、「開国」はうまくいかなかったと思うのです。彼らがいたおかげで、「開国」を「富国強兵」路線にうまくつなげられた。

磯田　大久保や伊藤といったリーダーはいきなり生まれたわけでなく、「開国」とその後の近代化が国全体として、うまく軌道にのったのは、江戸時代の「教育」のおかげだと思います。それは元をたどれば、「鎖国」にあるのかもしれません。貿易ができない環境で、富を増やそうとしたら、人に投資するしかないからです。

それはまず識字率を高めました。日本の識字率は高く見積もられすぎていると私は考えていますが、それでも幕末の成人識字率は四〇％あったと推定されます。これはヨーロッパの識字率と比較すると、プロイセン・イギリス・フランス・オランダより低く、イタリアよりは高い。ロシアよりはずっと高い。それが近代化に必要なレベルに国民の教育水準を高めるのに寄与しました。それだけでなく、日本にはエリートから庶民層までがともに読める漢字かな交じり文が普及していたことも、近代化に有利にはたらきました。この漢字かな交じり文を基盤にして、国民国家を築くために欠かせない「日本語」をつくることができたからです。

中国や朝鮮では、字が読めるとは、すなわち漢字が読めることでしたが、中国の庶民は十分に漢字が使いこなせず、朝鮮では表音文字のハングルが発明されましたが、エリートはこれを使うことを恥ずかしいと思っていました。つまり、中国や朝鮮では、エリートと庶民が共有できる書き言葉がなかった。近代化の過程では、エリートだけでなく、庶民の教育水準を底上げしなければなりませんから、このことは近代化の大きな障害になりました。

また、教育にもっとも熱心だったのは、下級武士でした。それはなぜかというと、武士には基本的に商売が禁止されていたからです。武士以外の階級は、江戸時代に貨幣経済が発展するにつれて、才覚があれば、お金儲けができるようになっていきました。また、上級武士には世襲による禄高《ろくだか》があり、何の努力もしなくても、ある程度の生活は保証されていた。しかし、下級武士は禄高は少なく商売も十分にできない。教育に投資するしかなかったのです。しかも、下級武士には下級といえども、「統治者たれ」という自分が統治する共同体への責任感が、刷り込まれていました。下級武士が明治政府のグランドデザインを描き、実現できたのは、これらの要因が重なったためだと思います。

でも、「鎖国」時代の蓄積を活かして、非常にうまくいったかに見えた「開国」は、九十年後に「敗戦」という結末を迎えます。最後にその「失敗」の原因を探り、再び失敗しないための知恵を見つけたいと思います。

「開国」に過剰な恐怖を抱くなかれ

出口　失敗の原因は、交易して国を豊かにしようという「開国富国強兵」路線のなかで、もっとも最初にあるべき「開国」を忘れてしまったからではないでしょうか。一九〇四〜〇五年の日露戦争に勝った後、日本は急速に「開国」モードから「鎖国」モードになっていきます。外交や交易はもちろん行なっているのですが、心が「鎖国」化していくのです。海外から情報を積極的に摂取しなくても、日本だけでやっていけるような錯覚に陥ってしまった。「富国」にも「強兵」にも新しい情報が不可欠ですから、「開国」がなければ成り立ちません。それが「敗戦」という結果を招いたのではないでしょうか。

磯田　「開国」が軽視されて、日本人が情報を摂取しないようになると、過剰な恐怖を抱いて、判断を誤るようになります。幕末に日本に吹き荒れた「攘夷」も、私には過剰な恐怖に思えます。冷静に考えれば、幕末の人口が三千五百万人だとすると、七％ぐらいが武士ですから、二百万人以上の兵がいて、銃や大砲など、それなりの兵器も装備しているので、当時の日本を征服できた国はなかったでしょう。それがわかっていたから、日本への上陸長期占領作戦を行なった西洋列強はありません。下関砲撃事件でも上陸後は砲台の破壊のみ、薩英戦争でも、軍艦の大砲で沿岸を攻撃することしかできなかった。戦前の「大東亜共栄圏」も、資源がないことへの過剰な恐怖による失敗だといえます。自由貿易によって資源が確保できなくなるのではないか、という恐怖と不安を抱いて、極端な行動に出てしまった。

出口　そうですね。現代の高度産業社会に必要不可欠な石油、鉄鉱石、ゴムを持たない日本は先進国のなかで国際協調と自由貿易をいちばん必要としている国であることを自覚しなければなりません。「開国」して、交易を行ない、「富国」を実現して、「強兵」を養成し、「平和な海」を築く。これが幕末の老中・阿部正弘らが描いたグランドデザインです。今は「強兵」をアメリカに頼っているわけですが。

そもそも「開国」を忘れて、新しい情報を入れないことは、生命の本質に反しているのではないかと思うんです。生物学者の福岡伸一さんの考え、動的平衡によれば、生命とは自分でつくれないものを外からたくさん取り入れ、自分であったものをたくさん外に出しながら、自分をつくっていくものです。だとすれば、生命の集合体である国や民族もそうでしょう。外から何も取り入れないと、自家中毒になって、自分を見失い、生命力を失ってしまう。

磯田　その通りですね。ですから、日本の組織が失敗しないためにまずすべきことは、外の人にうまく説明できない、あるいは説明しても納得が得られないような「身内の論理」で動いていないかをチェックすることです。つまり、外で通用しないことはやらない。

出口　僕は経営者として、今、目の前で起きていることを英語で説明して、外国人に納得してもらえるかどうかをまず考えますね。

磯田　そのようなチェックをして、「身内の論理」に組織が染まりはじめていたら、新しい情報や人を入れるべきです。すでに述べたように江戸時代は「鎖国」下といえども、特に科学技術については積極的に情報を採り入れていました。また、人については武家から商家、農家に至るまで、常に優れた人材を探し、婿養子など様々な方法で登用していました。幕末だと大分の代官所役人の息子として生まれながら、勘定奉行まで上り詰めた川路聖謨《としあきら》が有名です。皇族や公家も身分の異なる女性を側室に迎えることで、新しい血を入れていました。持続性を高めるには、新しい風を入れることが必要なのです。

出口　今のようなグローバリゼーションの時代には、非常に多くのものが洪水のように外から入ってきますから、自分がなくなってしまうのではないかという恐怖から、心の「鎖国」に走る気持ちが出てくるのは無理もありません。しかし、たくさんのものを入れた方が、かえって自分が何者なのかはっきりするし、より強いアイデンティティを鍛えられます。たくさん入れて、たくさん出すことを日本人には忘れないでいてほしいですね。

幕末からたどる
昭和史のすすめ
×
半藤一利

昭和の敗戦の原因を探っていくと
幕末維新にたどり着く——
日本の近代に何が起こったのか？

はんどう・かずとし　1930 年生まれ。『週刊文春』『文藝春秋』編集長を歴任、〝歴史探偵〟として近現代史を研究。『日本のいちばん長い日』、『漱石先生ぞな、もし』、『幕末史』、『昭和史』ほか著書多数。2021 年逝去。

「人づくり」に国力の源泉を見た勝海舟

磯田 幕末史は複雑きわまりない。わかりやすく説かれた本が少ない中で、半藤さんの『幕末史』（新潮社）の語り口は実に魅力的です。読みながら、うならされるところが多い。特に勝海舟の叙述がおもしろかった。嘉永六（一八五三）年、アメリカ東インド艦隊司令官のマシュー・ペリーが来航した際、開国か鎖国かをめぐり、いろんな人が建白書を提出します。勝も出す。

半藤 勝が三十一歳のときですね。これが幕府異国応接掛の岩瀬忠震《ただなり》と海防掛の大久保忠寛《ただひろ》（一翁）の目に留まりました。

磯田 「日本でも大船と大砲をつくれ」という話は誰もがした。しかし勝は一歩進んで、「海軍をつくる学校」、すなわち「人づくり」を説いた。近代化のための人材育成と、社会制度の改革の必要性を自覚していた。ふつうの日本人は「形」から入るところがあり、すぐに「大砲」や「大船」さえ備えればという発想になりがちでした。

半藤 まずは「モノ」から、なんですね。

磯田 当時の洋書や翻訳された外国情報を見ると、「ロシアがなぜ世界大国になったのか」ということの分析に日本がやっきになっていたことがわかります。ヨーロッパの中でも辺境にあり、むしろ馬鹿にされていたロシアが大帝国をつくり、さらに七つの海に乗り出そうとしていました。

その背景には、十七世紀後半以降、ピョートル大帝が学校を興し、人間を育て、海軍や陸軍の士官を養成してきたことがあります。「人づくり」こそが国力を増す根源にあることが、日本にも情報として入っていました。

ところが、当時の日本の身分制の下では、指揮官や軍事集団を学校で養成することは、とうてい許されません。そんな社会ですから、「モノ」さえ用意すればいいという発想で普通は止まってしまう。そこから先は、無意識のうちにストップがかかる。

ところが、勝の思考にはストップがかからない。勝の建白書はそれを軽々と乗り越えます。幕府のそれまでの機構をいじるのではなく、その横へ「海軍」という別棟を建てて、人を育てていくことを説きました。

半藤　「本当の日本の軍艦と海軍生が出来上がらなくては、公儀の苦しみ、いや日本の苦しみは、いつまで経っても同じことでしょう」――。勝つぁん、いいこと言うねえ（笑）。

磯田　よく、「軍国主義へ向かった昭和は日本史上、異常な時代である。日露戦争以後、日本はおかしくなった」といった歴史観が説かれます。しかし、実際には、歴史は幕末史から昭和史まで、いや平成史まで、きちんとつながっている。昭和史で起きたことの原因は幕末史のなかに、しっかり詰まっています。

たとえば、大本営参謀だった原四郎は戦後『大戦略なき開戦』（原書房）という本を書きます。このなかで、幕末の段階ですでに日本が拡張主義を持っていたことを縷々《るる》論証しています。かの大本営参謀は、昭和の戦争を幕末からの一貫した継続としてとらえている。幕末段階の拡張主義と、昭和のそれでは現実味が違うので、わたしは、さすがにそこまでは首肯できません。しかし、日露戦争が日本の近代の断絶点などではなく、幕末―日清―日露―昭和は連なりとして考える必要があると思っています。幕末史こそが昭和史につながっているという視点が、必要なのではないでしょうか。

幕末にすでにあった「アメリカなんかやっちまえ」

半藤　明治維新という理想的な「近代」を昭和の人間がぶっ壊したという歴史観は、根強いですね。私が編集者時代に担当していた司馬遼太郎さんも、天皇が持つ軍隊の最高指揮権「統帥権《とうすい》」が「魔法の杖」のように昭和になって振り回されたと語っていました。

しかしながら、日本の膨張主義、「大日本主義」は昭和になって突然出てきたものではなく、そもそも明治にすでにあり、それを昭和まで引っ張ってきたといえるでしょう。

磯田 幕末の西洋列強に対する恐怖は、今のわれわれの想像を絶するものです。その恐怖感の裏返しとして、誇大妄想も出てきました。水戸藩主・徳川斉昭関係の文書を見ても、その世界観がわかります。ブレーンである水戸学者の豊田天功の翻訳によって、斉昭は外国の情報を摑んでいました。そうした情報に立った上で、「アメリカと開戦することになったらどうなるのか」と問われれば、天功も斉昭も、間違いなく敗戦だと答えざるを得ない。

ところが、それでも彼らは戦争を選択するという。「最初は負けるかもしれないけれども、我が国が神国であるという自覚と、夷狄《いてき》に日本の地を踏ませないという志さえ残っていれば、最後には勝つ」。要するに、志気の問題だというわけです。昭和を彷彿とさせるこの心理構造が、幕末にすでにあるのです。

一方、天功は『靖海全書合衆国考』で、アメリカの大統領制、議会制、海軍などを斉昭に報告しています。面白いことに、その本に斉昭がつけたと思われる朱註が書き込まれている。「こんなにいい国ならば、こちらから船を出してカリフォルニアを取ればよい」（笑）。

これは、幕末以来の対外心理を分析する上で非常に興味深い。「敗戦覚悟の上で、最後の一兵まで戦うために、神道を日本人に教えることが重要」と言いつつ、一方では議論が急に大きくなり、「アメリカなんかやっちまえ」となってしまう――。

のち、明治に来日した医師のベルツも、『ベルツの日記』で、同じような日本人のこの落差のある心理を指摘しています。列強への過剰な恐怖と、急に大きくなる武力への非現実的自信。幕末の段階で、相当ものがわかっている人さえもこれを持っていた気がしてなりません。

半藤　その点、勝海舟はリアリストです。万延元（一八六〇）年、咸臨丸でアメリカに渡った際、軍艦だの大砲だのを徹底的に調べていますから、水戸の連中のようなアホなことは考えていません。

勝が開明的だったのは、佐久間象山の強い影響です。ただ、勝のほうが象山より頭はいいですね。一つの事実から発展していく論理がすごい。象山は信州の人だから、理屈っぽいだけで実行は伴わないけれど、勝は私と同じ江戸っ子ですから（笑）、ものの考えが自在ですね。

〝嫌われ者〟山県有朋の「サムライ嫌い」と「蓄財の才能」

半藤 幕末と昭和の連続性を考えていく上で、注目すべきは長州の奇兵隊出身で元老にまで上りつめた山県有朋でしょう。嫌われ者のこの男、政治史から論じられても、よくわからない。むしろ、軍事史のほうから見ると、よくわかりますね。

磯田 軍事史から見た山県は明治初めに徴兵令制定、参謀本部設置、軍人勅諭制定などを相次いで行なった陸軍の創始者であり、総理大臣としては、「朝鮮半島は利益線」であるといって軍拡を唱えたりしています。

半藤 サムライ出身ではなかったってことが大事ですね。身分の低い彼は、土下座させられたり、川に蹴落とされたり、サムライからイヤな思いをさんざんさせられた末、武士道とは関係ない制度や軍隊に徹しました。うるさいサムライは排除して、自分なりの新しい世界を早くつくろうというのが、山県の考えです。

磯田 『公爵山県有朋伝』（徳富蘇峰編述）には、藩校の明倫館の前で土砂降りの雨のぬかるみを急いでいたところ武士に泥水をかけてしまい、土下座させられたことが何くそと思ったきっかけとして書かれています。

半藤　そういう悔しさをバネに、「武士のつくった世界とは全然違う世界を俺はつくる」という気持ちがあったのでしょう。武士を排除した世界。彼は漢詩や和歌にすぐれた詩人でもあったから、そういう意味でも、「自分の世界」を大事にする人だったのでしょう。

磯田　私も山県の短冊を何枚か見つけて資料用にしましたが、とにかく山県の揮毫物は多い。数が多いし、気の毒ながら大悪人とされて、山県は人気がない。だから、山県の書いたものは二束三文とはいわないが、安い。世の中にこれだけあるということは、おそらく、何万何十万枚も、部下に書いて配っていたのでしょう。それも、ある種の政治的行為として。

半藤　そうやって部下を自分の仲間に取り込んだ。特に有能なやつをね。武士階級のやつらと上手に切り離したのですね。

磯田　山県といえば、最近、法政大学の安岡昭男名誉教授と長井純市准教授（現教授）が、田中光顕《みつあき》関係あての手紙を活字化して紹介しています（『法政大学文学部紀要』第五十八号）。それにおもしろい文面が載っています。明治二十一（一八八八）年、山県がヨーロッパ視察旅行に出る際、不慮の事故に備え、田中光顕に託した資産リストです。なんと、いまの価値で二十億〜三十億円ぐらい持っているんです。内務卿時代を含め、五年もの間、いまでいえば億単位の年収があった内務大臣だったとはいえ、宅地や美術品も相当に買っている。どうしたら、こんなに金持ちになるのかと、やはり疑ってしまう。

半藤　すでに目白には椿山荘《ちんざんそう》があった上に、その後も京都に無鄰菴《むりんあん》、小田原に古稀庵《こきあん》といった別邸を次々と構えるからね。早くも明治五年には、山城屋事件といった汚職事件に関わったりしましたしね。蓄財の才能があった。その点でも武士とは違いますね。

磯田　半藤さんにお尋ねしたいのは、日本の陸軍や海軍が「武士の世界」を引きずっているかどうかという点です。司馬さんの「日本の陸軍は武士の伝統というよりは、長州の奇兵隊といった『諸隊』の組織内文化の伝統を引いている」という議論のほうに大いにうなずかされます。幕末明治維新期には、長州のみならず全国で諸隊がつくられました。いろんな身分から兵士が集められ、長州の奇兵隊などでは、よくいわれますが、格式張った徳川武家とは違った軍隊文化を創り出す。そのなかで鉄拳制裁といった乱暴な方法での秩序付けもみられた。

半藤　文久三（一八六三）年、長州は下関戦争によって、武士だけでなく藩全体が痛い目にあいます。そうした中で、町人も農民も漁師も立ち上がり、奇兵隊、遊撃隊、力士隊などの諸隊ができました。その点、士族と郷士が人口の四割を占める薩摩とは違い、長州のほうがビシビシと鍛えて農工商を兵隊に仕上げるという形の軍隊組織ができていきます。しかも、日本陸軍はその長州が主体ですからね。

陸海軍は「武士の世界」を引きずっているのか

磯田　江戸期の武士の文化は、むしろ海軍に残ったのでしょうか。わたしは徳川時代の武士の研究をしていますが、陸軍には、武家文化の雰囲気をあまり感じない。しかし、海軍には、やや武家文化の名残りを感じる。海軍は鈴木貫太郎などが、さかんに海軍教育のなかで武士道をとなえます。彼は、首相として太平洋戦争の終戦工作を行なったことで知られますが、関宿藩藩士、つまり武士の長男として生まれ、武家文化の中で育った人です。軍人としては最後の江戸生まれで、武士の海軍ということを強く打ち出している。

半藤　山県は、陸軍を武士の伝統やしきたりを排除してつくりあげていきました。西南戦争によって薩摩は陸軍から離れ海軍に回ったので、日本海軍は薩摩の武士団の気風を帯びます。ですから、かなりサムライ的。こうして「長の陸軍、薩の海軍」という歴然たる構図ができる。

磯田　陸海軍は明治前半から日露戦争ごろまで、士族が将官を占めていました。ただ、士族といっても、領地を与えられた知行取りの武士は少なく、多くは領地ではなく俸禄を与えられた下級武士、馬に乗る権利がない徒士《かち》たちです。日露戦争で騎兵第一旅団長（陸軍大佐）を務めた好古、連合艦隊作戦参謀（海軍中佐）だった真之の秋山兄弟も松山藩の歩行《おかち》町に生まれています。

半藤　他にも、鈴木貫太郎は当時は水雷戦隊の司令（海軍中佐）といったように、日露戦争を戦った指揮官たち、佐官クラスはサムライの出です。

磯田　士族出身の将校たちが、農民出身の兵卒を率いて出陣していた。江戸時代においても、武士が出陣するときは、農民出身の足軽がアルバイトのように来ていました。一般的には、戦国の天下統一の時期に、検地や刀狩などによって、武士と農民が切り離される「兵農分離」が行なわれたといわれますが、武士が農民を引き連れて戦場に出るという有り様は、戦国から江戸を経て、明治前半、さらにいえば日露戦争まで続いていたわけです。それが日露戦争以後、陸海軍将校とも、陸士、海兵出のエリートにとって代わられます。

半藤　日露戦争当時は、軍学校出身の彼らはまだ尉官クラスですね。

磯田　慶応三（一八六八）年生まれの鈴木貫太郎から下って、明治十七（一八八四）年生まれの東条英機の世代になると、完全にエリートの時代です。東条は盛岡藩士とされてはいるけれども、くわしくいえば、藩のお抱えの能役者の家系でした。彼の生育歴を考える上では、むしろ、幼年学校、陸士といった学歴のほうが重要になります。

昭和十六（一九四一）年、東条は陸軍大臣として、「生きて虜囚の辱《はずかしめ》を受けず」で有名な「戦陣訓」を出しますね。これを見ると、東条は一種の脚本家のように見えてなりません。戦時にあって、どのように行動すべきかの「ふり」をきちんと文字にしておくという発想は、学校秀才の発想のような気がします。生っ粋の武士にはマニュアルはいりません。

半藤　ですよね。おなじ軍人向けでも、山県有朋が陸軍卿時代につくった「軍人訓戒」（明治十一年）や、明治天皇の名で出された「軍人勅諭」（明治十五年）が精神主義的だとすれば、「戦陣訓」は完全にお芝居です。

「お前たちがみっともないことをすると郷土の人間はみんな嘆き哀しむぞ」という説教くさいお芝居を、東条というエリートが「生きて虜囚の辱を受けず」と上手な文章に直しちゃったのがいけません。あの文章は島崎藤村が手を入れたにせよ。

磯田　最初はサムライの軍隊であったものが、徴兵制によって、農民も町人もみな集まる国民の軍隊に変わることによって、必要になった様々な道具立てのうちに、精神論を

「ふりつけ」に仕立てた「戦陣訓」があるのでしょう。

靖国神社もたぶん、そうしたものの一つです。江戸時代の武士が討ち死にした場合、その家で祀《まつ》ればよかった。武士の家では、華々しく戦場で散った先祖は、家のなかで祀られ、語り伝えられ、子孫を守る神、とされる。子孫は討ち死にした先祖の御魂《みたま》に手をあわせ、合戦があったら、自分も先祖の加護をうけながら勇戦しようと考える。

ところが、武士でない一般の国民が兵士として死んでしまった場合、国家として何らかの軍神にする装置が必要になってきた。

半藤 そういった装置としての靖国神社も、山県有朋の工夫なんです。

磯田 同じく長州・奇兵隊出身の大村益次郎と二人で工夫して、招魂社をつくりました。

半藤 彼ら幕末の志士は、家を投げ出して、脱藩した以上、死んだからといって、藩の手前、横死者の霊魂を家で引き受けて祀るわけにはいかなかった。しようがないので、京都で神道にのっとって招魂祭をやった。これが始まりです。

脱藩藩士の霊魂を祀る場として始まった靖国神社

磯田 武士の家を出奔した志士から始まった招魂社が、一般国民をも祀る靖国神社になっていったわけですね。武家を出ていった人、もしくは武士の家を持ってなかった人たちについての装置が必要になる。

半藤　フワフワ浮いていた霊魂の帰るところをつくろうということで、長州は長州、薩摩は薩摩、土佐は土佐で魂をお祀りします。明治の新政府ができたとき、自分たちが天下を取ったわけですから、ほうぼうで行なわれていたものを全部集めて東京招魂社にしようとします。

初めの候補地は上野の山でしたが、そこは彰義隊、賊軍が死んでいるので、ふさわしくない。すると大村が、「これから国のために死ぬ人は、新しい国の元首のために死んだということにしたい」といって、明治二（一八六九）年、東京招魂社を皇居から見て西北にある九段の山に置きました。

今は中国の影響で東北が鬼門になっていますが、もともと日本では西北が鬼門でした。西北から来る霊魂を恭しく祀ると、霊魂が皇居の守護神になるという、いわば日本人古来の信仰です。

ところが、明治十年の西南戦争で、新政府軍として新政府のために戦死した人が出てきたわけです。彼らをきちんと祀ってやらないと、新政府のために死ぬ人がいなくなってしまう。そこで明治十一年、藩閥という名のサムライが支配する政府に対抗し、陸軍卿であった山県有朋は参謀本部をつくり、本部長に就き、翌十二年、東京招魂社を靖国神社とし、国のために死んだ魂を祀ることにしたのです。

磯田　サムライの世界と違うものをつくるという山県の姿勢が、やはり幕末史と昭和の陸軍をつなぐポイントですね。

半藤　その意味で、西南戦争後につくった「参謀本部条例」が、昭和を考える上で重要なものです。私の『幕末史』はそこで終えたのですが、実は近代日本にとってはそこから先が大事なのです（笑）。

条例第二条に、参謀本部長は「帷幕《いばく》の機務に参画するを司る」とあります。「帷幕（天皇の幕＝すなわち軍事的な本部）」の機密を全面的に司れるということです。第五条が、「親裁の後、直ちに之を陸軍卿に下して施行せしむ」。天皇が親裁した軍事的決定は、参謀本部長が陸軍大臣に命令できるということです。山県が内務卿の伊藤博文や大蔵卿の大隈重信を上手に口説いてＯＫをもらった、この参謀本部条例が、昭和の「統帥権」につながります。そんなことは、伊藤も大隈もよくわからなかったでしょうが（笑）。

参謀本部設置と同時に、山県は「軍人訓戒」をつくります。学者先生はこれを称して

「軍隊の非政治化・中立化」と言いますが、要は、「お前たち兵隊はサムライと付き合うな」「軍人だけで自立してやろう」ということです。さらに、「お前たちに何かあっても国はしっかりと祀るぞ」と靖国神社を設けるわけです。

こうして、まだ「国のかたち」すらできていない時期に、山県は日本の軍隊のかたちを築き上げていくのです。

磯田　江戸時代の早い時期から、藩として、討ち死にした武士を祀る装置を大々的に持っていたのは柳川藩と薩摩藩ぐらいではないでしょうか。「靖国の原型」を熱心にやっている。たとえば薩摩は豊臣秀吉の朝鮮出兵のときに死んだ人を藩として、特定の日にお祀りしました。

半藤　最初に京都で招魂祭をやったのは、たしか津和野藩でしたがね。

磯田　私は柳川で、戦国時代以来、藩主・立花氏のために討ち死にした人々の名が延々続く英霊顕彰の史料を見たことがあります。「これは面白いな」と思って、大学院生の時に写真を撮影しはじめたのはいいけれど、あまりに延々とつづくから、帰りの電車の時間が近づいても最後までいかず、焦りました（笑）。死んでいった者の名前を一人ずつ記録しつづける文化があるのです。関ヶ原の合戦で負けたのに、藩がバラバラにならず、しかも藩主は柳川城に立てこもって徳川に歯向かおうとして、結局講和を結んで出ていく。薩摩同様、特殊な藩です。

半藤　長州などには、藩で祀ることはなかったのですか？

磯田　長州藩は、江戸後期になって、領民に毛利家との過去のつながりを報告させますが、大規模な英霊顕彰を初期からやっていたとは思えません。合戦が起きた後で、戦死者を一人ずつ並べて藩で祭祀を行なうようなことは、戦国、江戸時代を通じて、普通の藩ではありません。たとえば岡山藩では、関ヶ原合戦、大坂の陣、と合戦を数々やっていますが、藩が大規模に戦死者の慰霊をしたということはない。長久手合戦で殿様の馬脇に最後までつきあって死んだ人を細々と顕彰した程度です。柳川や薩摩のごく一部の習慣を、大村益次郎や山県有朋が、どこかで知って組み入れていったのではないでしょうか。

「大元帥陛下」の源流は江戸の藩主にあり

半藤　最初の祭りをやった津和野の人たちも、そうかもしれませんね。いずれにせよ、靖国神社が設けられた明治十二（一八七九）年に、国の元首である「天皇陛下」が軍を統帥する「大元帥陛下」をも兼ねることが決まります。天皇陛下は大元帥の地位におつきになり、「兵馬の大権」をも親裁する、つまり軍隊を自ら指揮することになります。山県有朋の端倪《たんげい》すべからざるこんなに早くの決定が、結果的には統帥権の独立を促し、昭和になって、統帥権干犯問題へとつながることになります。

磯田　学者はよく、「こういったシステムはプロシアの姿を見て輸入した」と言いますが、実は、受け入れる素地は江戸時代にあったと思います。それまで藩の中で育ってきた人たちが、明治になって藩主を天皇に代えただけに違いない。藩主が剣を持っているのは当然なんです。

そういえば、文久三（一八六三）年、真木和泉や長州の尊攘派の浪士たちが集まり、孝明天皇の大和行幸を計画したところ、「八月十八日の政変」で、薩摩・会津の公武合体派が、尊攘派を追い落とします。このとき、朝廷に軍事権がないことがいかに弱体であるかを思い知ります。それまで天皇は、「身に寸鉄を帯びず」を旨としてきましたから。そこで、各藩の藩士が集まり、いわば〝インター藩〟でご親兵を集めようという発想が出てきました。後に薩長同盟ができるにあたり、西郷隆盛や坂本龍馬たちにしても、「兵権を朝廷にいかに持たせるか」が議論になってくるのです。そうしないと維新は成らないことがわかっていたのです。

半藤　幕末の流れを汲めば、天皇を大元帥にして、自ら兵権をお持ちあそばされるというのは、当然の話ですね。

磯田　明治の政治家にとっては当然のことであって、それが山県の勢力伸張のもとになったり、統帥権が化け物のように大きくなったりするとは予想もしなかったのでしょう。せいぜい、議会の予算案審議によって軍隊の行動が制約されるかどうかを、大蔵卿の大隈がプロシアを参考に議論するくらいです。

半藤　逆にいえば、「予算」だけ押さえておけばコントロールできると思った。

磯田　後に帝国議会が開かれたときも、民党と吏党で中心的な論題になるのは、軍の「統帥権」ではなく、軍の「予算」の問題でした。

漱石と虚子　〝徴兵逃れ〟の理由

半藤　プロシアの兵制で日本が採用したのは徴兵の年数です。そもそも江戸幕府はフランス陸軍を手本にしましたから、新政府が徴兵制を布《し》くときも、七年の常備軍兵役であるフランスの兵制を取り入れる動きがありました。ところが、明治三（一八七〇）年から翌年にかけ、ヨーロッパで普仏戦争が起き、プロシアが勝利します。勝敗を分けたのが兵制の違いでした。プロシアは現役二年、予備四年、後備五年というシステムでした。普仏戦争では常備軍同士がぶつかり痛み分けになったあと、プロシアが後備軍や予備軍を投入し、フランスは後備軍制度がないので負けてしまった。その後、桂太郎、川上操六、田村怡与造《いよぞう》、福島安正ら、明治陸軍を背負って立つ軍人が、続々とプロシアに留学します。ついに明治二十二年、兵制が改革され、現役常備軍が三年、そして予備が四年、後備が五年となります。

日本陸軍がプロシアから輸入したのはこれぐらいで、これをもって「日本陸軍はプロシア陸軍と同じような軍隊をつくった」というのは違います。実際のところ、日本人は兵役逃ればかりするから、どうしようもなくて、明治二十六年、上限を上げて二十六歳まで徴兵できるようにしました。夏目漱石も、当時沖縄と並び開拓のために徴兵免除になる北海道に本籍を移したわけです。漱石の徴兵逃れなどというと悪いイメージがありますが、あの当時、多くの人がやっていたことです。

磯田　漱石が生まれた町年寄の家ぐらいだと、幕末から明治にあってもサムライの気風が強く、漱石も武士の気分が強かった人です。あの時代、士族はふつうに徴兵免除を行ないましたが、それは一兵卒として徴用されることの不名誉によるものです。昔の足軽みたいに銃を担がされるなんてたまらない。

半藤 奇兵隊のように、百姓や町人と混ぜられて一兵卒として組み込まれていくのは相当の苦痛でしょう。

磯田 死ぬのが怖くて逃げたわけではありませんね。

半藤 漱石の場合は特にお兄さんが武士の精神が強くて、本人に無断で北海道に籍を移したらしい。面白いことに、高浜虚子も沖縄に移しています。

磯田 百何十石取りの武士の出だった虚子がそういう集団に入れられるのは耐えがたかったのでしょう。

半藤 虚子は徴兵免除のためにわざわざ本籍の沖縄まで書類を取りに行かなければならず、苦労したそうです(笑)。

西郷兄弟とスパイ戦

磯田 早くも明治十一(一八七八)年に設置された参謀本部というのは、世界史的に見てある種の〝発明品〟ですね。地図と徴発物件表をつくって、早く動員を行ない、軍隊をどんどん送っていく。パイプで水が流れるように前線へ大量の物資と兵員を送るという、すぐれた軍事技術です。

半藤　その背後には、海外への膨張主義があったと思います。「大日本主義」です。

磯田　この発想は江戸時代にはないものです。そういう意味でも、明治十一年は日本の針路を決定する大きな節目です。

半藤　長年、太平洋戦争を調べ、関心が昭和史などへ広がり、統帥権をだんだん探っていくうちに、「明治十一年」にたどりついたときは、さすがにびっくりしました。

磯田　普仏戦争の教訓に加え、東京から戦場が遠かった西南戦争を行なう中で、「物資の供給」がいかに軍隊にとって重要かが骨身にしみたと思うんです。

半藤　徴兵令によってやっとこ鍛えたまったくの素人が、最強の武士団の薩摩と戦うわけですから。これで負けたら維新もやり直しだから、明治政府は懸命です。カネをありったけ使ってものすごい新兵器ばかり買いあさる。

磯田　それを軍艦でどんどん運ぶ。

半藤　西南戦争はそうした武器、補給、そして大阪から九州までつなげた通信による密な連絡で勝ちました。

磯田　電信線を張っていくわけですね。

半藤　陸軍卿代理としてこの情報戦の総大将を務めたのは、西郷隆盛の弟の従道だから面白いですね。たとえば、薩摩に呼応して土佐も立ち上がるのではということで、土佐にスパイを山ほど送りこみ、従道はその報告から土佐は立たずと判断しています。

磯田　日本の軍隊は日露戦争ぐらいまでは情報戦が得意ですが、これには武士の伝統があると思います。三百諸藩に分かれた日本で明治維新をする以上、中での情報外交は絶対必要でしたから。戦国以来、世襲できた忍者が無力になる一方で、「周旋方」「探索方」といった名前で、政局を回す本人が話を聞きに行ったり、情報を取りに行ったりなどは盛んになる。藩主・島津家の庭に控えていた西郷兄（隆盛）にしてもそうです。

半藤　ですから、西南戦争で従道が情報戦の元締めになってもおかしくありません。そういえば、戊辰戦争でわが長岡藩の家老・河井継之助が何とか戦争しないですまそうといって、小千谷談判に行きます。そのときにもう隣村で会津藩が長岡を仲間に引き込むべく、新政府軍にちょっかいを出してドンドンパチパチやっている。こうした中で、「中立」を主張して新政府を相手に交渉に臨むこと自体、国内外交に慣れていたことの表れです。

磯田　情報戦でいえば、半藤さんは常々、「黒船来航」や「ソ連の満洲侵攻」などを例に、「日本人は起きるかもしれないことは起きないことにする」と指摘しています。その通りだと思う一方で、何だかんだ言いながら、ペリーが来たときの日本人は、かなわない備えとか言いながら、お台場をつくって迎えている。これはやっぱり準備だと思う。

半藤　お台場が今みたいになるはるか以前、大学のボートの選手でお台場まで練習しながら漕いでいって、昼寝して帰ってきたものです。確かに、短期間で造ったとは思えないぐらい、しっかりとできていました。日本人はかなりやる気だった（笑）。

磯田　幕末人恐るべしです（笑）。

ところで、戊辰戦争で諸藩が出した軍隊では、藩主や大禄の家老が率いて参戦していません。トップはお公家さんです。実際にはお公家さんが戦争するわけはなく、作戦を立てるのは参謀ですが。

半藤　日本の軍のリーダーシップを考えると、手本になったのは西南戦争です。戊辰戦争に続き、西南戦争でも有栖川宮熾仁《ありすがわのみやたるひと》親王が総大将ですが、若いだけに軍事のグの字も知りません。

ところが、山県有朋が総参謀長に就く。総大将は重しになる人が立って、参謀がしっかりと、縦横に働けるようにすれば戦《いくさ》は勝てるということになったのでしょう。そこで、すでにあった陸軍士官学校とは別に、早くも明治十六年、参謀教育のために陸軍大学校がつくられます。大学校では、初期の頃はかなり常識的な人を育てていました。国際法や、世界や日本の戦史が教育の中心でした。それが、だんだん勝つことばっかり考えるようになる。やっぱり日露戦争に勝ったのはよくありません（笑）。日露戦争の勝利でみな偉くなったので、「勝てば官軍」、陸軍大学校の教育も国際法といった常識的な学問は抜きにして、戦術論ばかりになっていきます。これが昭和に、偏頗《へんぱ》な陸軍軍人を生んでいきます。

一方、海軍大学校設立は明治二十一年と出遅れます。陸軍の山県有朋のように、早く参謀本部をつくって政治から独立して、「俺たちは俺たちの道を進む」ことを考えた人が、海軍にはいなかったからです。

磯田　海軍は当初、小規模ですし。

半藤　新政府ができたとき、軍艦は幕府から七隻、薩摩から二隻、長州から二隻など、合わせても十六隻しかない（笑）。しかも、陸・海軍は明治五年まで分離されていませんでした。とはいえ、そのころの名称は「海陸軍」でした。

磯田　「海」を先に持ってきている。

半藤　ペリー来航以来、国防が主なのです。しかし、条約を結んで安定し、逆に士族の反乱が起こり、国内戦争のほうが重要だというので、呼び方も「陸海軍」に変わります。

磯田　人数も劣る海軍は陸軍の付属物のような扱いですよね。

半藤　海軍と陸軍が分かれてからも、当初、海軍作戦部は山県有朋が牛耳る陸軍参謀本部の下についていました。ただし武士嫌いの山県は、武士ばかりの海軍を相手にしたくなかった（笑）。明治二十二年、清国とぶつかる可能性が出てきた際、参謀本部条例を「海軍参謀部を海軍大臣の下におく」と直すことで、ようやく海軍は陸軍から離れました。しかし、その間海軍は十六隻の古い軍艦だけで何にもしなかったのではありません。山県有朋指揮の下とはいえ、明治十六年、新造艦を三十二隻つくる八カ年計画を立てます。開戦の十一年も前に、日本はもう日清戦争を意識していたのです。

結局、海軍大臣の下から海軍軍令部が完全に独立するのは日露戦争の直前、海軍省官房主事だった山本権兵衛の豪腕によるものです。それまで、海軍のサムライたちにとって、「陸軍の百姓がガタガタしても、俺たちには関係ない」といったふうだったのでしょう（笑）。

「秋山で勝って、秋山で負けた」

磯田　それに比べ、日露戦争勝利後の海軍の誇りはすごい。秋山真之は戦後、「陸軍と海軍と同じに並べてもらっては困る。第一、大砲の飛距離が違う。一日の移動距離だって桁違いだ」と言う。人類史上、陸軍より新しい「武備機関」である海軍のほうが発達しているのは当たり前だ。格段に、われわれ海軍が優れている。陸海軍などと、ならべて考えてもらってはこまる、と言わんばかりに、海軍を誇っています（笑）。

半藤　秋山真之はアメリカ留学を経て海軍大学校の教官に就いた際、海軍が組織として動くための書類づくりや命令の仕方などを整えました。

磯田　いまの官僚は「ノーマライゼーション」だのやたらに横文字を使いたがるけれど、秋山の偉いところは、兵語（兵隊用語）を統一した際、必ず二語にしたことです。機械力は「機力」、技術力は「術力」と。また、『海軍英文尺牘《せきとく》文例』、つまり「手紙の書き方」といった細かいところまで整えています。

半藤　服の着方にいたるまで、徹底的でした。秋山がいたから、海軍が海軍らしくなったと言っていい。

磯田　ところが、戦艦「三笠」に同乗した長谷川清（当時少尉）によると、東郷平八郎長官はきちんとした身なりをしていたのに、秋山だけは服のボタンをかけ違えてさえいたそうです（笑）。

半藤　奇人だった（笑）。でも、軍制、軍令を整備し、司馬さんが「作戦の神様」とぞっこん惚れる男でもあります。

磯田　『秋山真之戦術論集』（中央公論新社）を読むと、「戦争の形態は時代によって変わるものだ」という発想をはっきり持っている。これは重要なことです。「これから教える戦争というのはいまの段階の戦争であって、すぐ変わるものである」と言ってから、講義を始める。いまの戦いは「二次元」だが、水雷や魚雷が現れることで、これからは「三次元」になってくるとも言っています。

半藤　秋山はすごく先が見えていた上に、若いころ、アメリカ留学で海洋戦略の大家マハンに学んできましたから。「シー・パワー（海上権力論）」を重視したマハンは、太平洋戦争勃発の四十年前にして、すでに日本をアメリカの仮想敵国にしていました。彼から学んだ秋山も、日本はいずれアメリカを相手にしなければならないと思ったでしょう。そうした影響もあり、明治四十（一九〇七）年、「帝国国防方針」により、陸軍はロシア、海軍はアメリカが仮想敵国となります。もちろん「敵国」ではなく「仮想」ですから、日本が軍備を整える方向性を考えるための道具にすぎませんが、その後長きにわたり、海軍大学校の参謀教育でアメリカと戦う図上演習を行なううちに、海軍の中に「敵はアメリカ」

という観念ができてきたと思います。そもそも、そんな時期に「アメリカ」を見据えるのが早すぎるのです。日露戦争の栄光と太平洋戦争の悲惨を見ると、「日本海軍は秋山で勝って、秋山で負けた」と言えるでしょう（笑）。

よく、「明治の海軍は健全だった」と言われますが、私に言わせると、日露戦争が終わってからはずいぶん違ってしまいました。日露戦争までは「フリート・イン・ビーイング」、つまり「抑止力としての海軍力」を考えていましたが、日本海海戦の勝利に調子づいて、「戦うための海軍」に変わっていきます。

鷗外の遺書に隠された「脚気論争」の影

磯田　日露戦争後の爵位の乱発もよくない。

半藤　明治四十（一九〇七）年九月、陸軍軍人六十五名、海軍軍人三十五名、合わせて百名の軍人と、文官三十一名が一ぺんに華族になってしまいます。

磯田　華族は世襲されます。「うまくやれば爵位が上がる」という期待を、以後、昭和の軍人にも持たせてしまった。軍人というのは名誉を欲しがるものです。彼らにとって、爵位は、われわれが想像する以上に、魅力的なものだったでしょう。軍人は戦争がなければば予備役に入れられ、田舎に帰って、ただの老人で終わります。しかし、戦争があって引き分けにでも持ち込めれば、男爵になり、子孫は未来永劫、貴族となり、大名、公家や財閥と縁組ができ、うまくすれば、貴族院の議席も手に入る。幕末から昭和の歴史を考える上で、決して表ざたにはなりませんが、軍人と「爵位病」のことは考えておかねばならないと思います。

ただ、爵位が乱発された中で、陸軍軍医部長だった森鷗外は男爵になりませんでした。当時、原因不明だった脚気の対策として麦飯を与えた海軍に対し、脚気は栄養不足のためでなく細菌感染症だとする鷗外は陸軍兵士に白米を支給し続けます。寺内正毅陸軍大臣が鷗外の反対を押し切り麦飯を支給するまでに、多くの兵士が病死してしまいます。この「脚気論争」の敗北がありますから、鷗外は爵位をもらえなくても仕方がなかったのです。鷗外は誇り高い人です。「墓は森林太郎墓の外一字も彫るべからず」という遺書の文言も、鷗外が位階勲等を気にしないという意味だと思っていましたが、あれはひょっとしたら、日露戦争で、爵位が来なかったことが関係している気がしてなりません。

半藤　なるほど、そうですね。そしてこれは私の仮説ですが、明治三十二年、鷗外の小倉左遷は、陸軍の要請で、プロシアの陸軍軍人クラウゼビッツの名著『戦争論』を翻訳するためではなかったのか。
陸軍は近代戦争をどうやって戦っていいかわからず、『戦争論』を手本にしようと、ベルリン留学時代に上官の田村怡与造にクラウゼビッツを講じた鷗外に白羽の矢が立ちました。東京にいたのでは忙しいだろうから、九州でゆっくりやってくれといって、人事異動が発令されたのではないか。

磯田　編集者が、作家をホテルへ缶詰めにするような発想ですね（笑）。

半藤　ところが、左遷と思ったのか、不貞腐《ふてくさ》れた鷗外は四分の一しか訳さなかった。そこで参謀本部はドイツ語ができる人間を集めて、残りの部分を陸軍士官学校訳とした。事実、ヨーロッパの戦史家に「日露戦争はクラウゼビッツを読んだほうが勝ちで、読まなかったほうが負けた」と言われるぐらい、実力を発揮します。

磯田　局所へ、前線の一番決定的な時点に戦力を集中するというやり方ですよね。クロパトキンのほうが、そういうことを自家薬籠中のものにしているかと思ったら、実際には、攻勢をとった日本側が戦力の集中が可能だった。

半藤　クラウゼビッツの説く、「先制と戦力の集中」を日本陸軍はよく呑《の》み込んでいたのです。鷗外と同じく中将だった人は、ほとんど爵位をもらっていましたから、全訳をしていれば男爵になったかもしれません（笑）。

「死してのち、やむ」から「うちてしやまん」へ

磯田　先ほどから、明治以来、陸軍がいかに参謀を重視したかのお話がありました。参謀が軍隊を動かしていくという形態が、昭和になって、関東軍が満洲事変を起こすところに象徴的に現れるわけですね。

半藤　海軍では文字通り、「参謀」は指揮官の補佐にすぎなかったのに対し、困ったことに陸軍の大本営から派遣された参謀には指揮権も与えられるのです。たとえば、ガダルカナルでの戦局が悪化したとき、大本営から派遣参謀として送られた辻政信は、本来指揮権を持つ現地指揮官にいちいち文句をつけ、自ら指揮権を振り回したりしました。

辻だけでなく、陸軍ではしょっちゅう起こったことですが、そのハシリは日露戦争時の児玉源太郎かもしれません。旅順攻略の意図は、旅順軍港のロシア旅順艦隊を軍港が見える二〇三高地から砲撃することでした。それができればいいのであって、旅順すべてを攻略することが目的ではないのに、指揮権を持つ乃木希典軍司令官は「全部とれ」というふうに思ってしまいます。伊地知幸介参謀長も馬鹿正直に真正面から攻撃をかけて、ひどい

被害を出し続けた。そもそも旅順艦隊に気をもんでいた海軍の秋山真之が、「まずは二〇三高地を」という手紙を毎日のように出します。そこで乃木と伊地知は旅順攻略から二〇三高地攻撃に作戦を変更します。

その直後に、満洲軍総参謀長の児玉源太郎が来て、部隊編制や大砲の位置などに口を挟んだのです。実際は児玉が来る前に乃木たちは作戦を変更していたのに、児玉が来た後で二〇三高地が陥落したものだから、戦史では児玉が過大評価されているきらいがあります。

磯田 日本人は時折、戦争の本来の目的を手段と取り違えることがあります。二〇三高地も観測点を確保するという局所の目的が、いつの間にか、旅順要塞の攻略という大きな目的に取り違えられてしまう。結局、なんのためにこの仕事はやっているのだ、という大局観が失われたとき、組織は暴走をはじめます。

高級将校や将官さえも、目的と手段の取り違えに気づかず、命令してしまうことがあります。こういうとき、戦争スローガンはこわい。昭和になると、幕末の藤田東湖の「死してのち、やむ」が使われて、「うちてしやまん」。つまり、戦うこと自体が目的になり、極端な話、討ち死にそのものが至高の目的にすりかわっていく。

半藤 後から書かれたインチキ戦史がそれを美化する。「精神力による白兵攻撃によって敵の近代的に築城された要塞をも落とすことができた。これからは日本陸軍の歩兵の本領は白兵攻撃と精神力だ」――まことに困った戦理が、そのまま太平洋戦争の陸軍に持ち込まれました。

みな華族になるために、戦史をごまかしたのですが、今の世の中だって、会社の役員になるにあたっては、過去の失敗など最初からなかったことにしたりしますよね（笑）。

磯田　日露戦争後、軍隊はいっそう官僚化と専門化が進みます。そうすると自分の専門部署のことには詳しいけれど、大所高所に立った視点自体はそもそも期待されない。そういう欠点が出てきます。

半藤　特に陸軍は勝つための軍隊になっていきましたから、参謀本部の組織も勝つために作戦課を最重視し、秀才を集めた。すると、作戦課は頭がいいだけに、自己を過信してしまいます。情報課がもたらす情報には目もくれず、「俺たちが持っている情報のほうがはるかにいい」といって無視します。昭和の陸海軍は作戦課が天下をとった。現在、財務省の主計局が全権をとったのと同じで、軍隊の中に歪《いび》つな人間が育ち、歪つな人間が一番威張り、常識的な人間は不要とばかりに外へ出されてしまいました。

国家に「駄目だし」する人間がいなくなった

磯田　日露戦争ぐらいまでの日本は、表向きは憲法と官僚があっても、実際には天皇と元老という「人」が治める国家でした。そういった治世者が全体を統括し、「そろそろ終戦外交をしなければ」となると、組織の枠を超えてすばやく指示が走って、動いていくようになっていました。

ところがそのうち、昭和十五（一九四〇）年、西園寺公望の死で全体を見る元老が一人もいなくなり、軍人は自分の専門部署の、目の前の仕事を積木のようにひたすら積み重ねていった結果が、昭和の戦争ではないでしょうか。高度な専門化の果てが、満洲事変、日米開戦、戦艦大和建造、そして敗戦だったのでしょう。

もし日本の国家体制はプロシアに学んだというならば、フリードリヒ大王が剣を振るい先頭に立って戦い、国政を総攬《そうらん》したように、プロシア型の国家は、大王がトップダウンで人の統治を行なうのでなければ持続的には統制できない。天皇・元老が「関東軍参謀の誰それはけしからん」と人事にまで口を出してもおかしくないし、そうでなければ、統治できないはずでした。ところが、大正ごろから法治の理性的国家だと思い込んでしまった。

昭和天皇は生来が素直な方ですから、下から上がってきた案件に無理はおっしゃらない。

国際連盟脱退など「困る」と述べつつも、最後の最後まで「追認」に徹しました。元老も一人ずつ死んでいき、若い昭和天皇に代わって、国家の所有者として、国家に「駄目だし」をする人間がいなくなった。

プロシア型の憲法を持つ日本の国家体制は、「政党内閣用」にはできておりません。違法行為と言うぐらいに君主なり元老なりが泥臭い意思で介入しないと、統制が取れないシステムだったはずです。ところが、昭和天皇の生真面目さゆえか、いつの頃からか近代国家として、稟議が上がってきたものは下の者で話を尽くしたものだから認めないといけないというようになっていきました。

江戸時代の大名にしても天皇にしても、「この作戦は悪いと思うが、どうか？」といったように、疑問形の話法で言葉を交わします。「どうか？」と言われたら、相手側が答えるわけだから、相手側に責任を付与することになる。

半藤 だから、プロシアの軍制を日本は全面的に採り入れたわけではありません。

磯田 肝心な部分はプロシアから入れなくて、姿だけを採り入れた危なさがありました。

半藤 天皇の介入は憲法上できなかったにしても、大元帥陛下としてはできたはずです。歴代天皇のうち、軍人として育てられた方は昭和天皇だけです。

明治四十三（一九一〇）年の皇族身位令により、皇族男子は原則として終身陸海軍武官となります。当時の皇太子（後の大正天皇）も形式的に軍人の身分ではありましたが、その自覚に乏しいものでした。

ところが、皇族身位令第十七条に、「皇太子皇太孫ハ満十年ニ達シタル後陸軍及海軍ノ武官ニ任ズ」と定められた通り、当時少年だった、後の昭和天皇は、大正元（一九一二）年、十一歳にして直ちに陸軍歩兵少尉兼海軍少尉に任官し、十三歳で中尉に進級、十五歳で皇太子になったと同時に大尉に、十九歳で少佐に、二十二歳で中佐、二十四歳で大佐になり、昭和になると大元帥陛下になったわけです。こうして十歳から軍人教育を受けられたからには、昭和天皇は大元帥陛下の自覚が強かったと思います。ですから、大元帥陛下として、直属の参謀に「この作戦は何だ！　取りやめろ」と言ってよかったはずです。

実際、昭和十一年、二・二六事件の朝、鈴木貫太郎侍従長の妻、鈴木たかから襲撃の第一報を受け、昭和天皇はいつもの背広でなく、軍服で表御座所に出てきます。軍服を着て出てきたということは、この事件は天皇の所轄でなく、大元帥の所轄だという意思の表れです。ですから、天皇は侍従武官に、「反乱軍を討伐せよ」と命令します。

「御爪点」という文化が昭和にまで

磯田　そうした非常時に見られる「大元帥」を意識した命令は具体的なのに、平時の「天皇」の命令はそうではない。これをどう考えればいいかというと、やはり天皇の命令の下され方はどうも千年このかたやってきた「御爪点《おつめてん》」という文化ではないかと思うのです。

平安時代以来、天皇に対し関白が「誰々を大納言にする」といったような人事案が書かれた紙を、扇子の先で叩きました。「これを任じなさい」ということです。すると天皇は、親指の爪で穴を開けて印をつけることで意思決定がなされたのです。関白と周りの公家が起案し、天皇は言葉を発しないだけでなく、何らの筆跡も残ることなく命令が下されたのです。

平安以来の「御爪点」も、江戸以来の「何であるか?」という疑問形も、下から言ってきたものを追認するという方法です。

半藤　よく、明治天皇は「大帝」と呼ばれ、偉大なイメージがありますが、実際は幕末の動乱をケンカの強さで乗り切った重臣の言いなりですよ。日露戦争だって、明治天皇が反対していたのを重臣が押し切ったのですから。太平洋戦争開戦での昭和天皇と同じです。

磯田　ただ大正・昭和天皇と比べると、明治天皇は維新をくぐり抜けた、戦乱の時代の君主というイメージが私にはあります。

半藤　でも、ずいぶん山県有朋や伊藤博文に好き放題に利用されています。

磯田　『明治天皇紀』を読むと、そういった明治天皇の姿が垣間見えますね。一方で、孝明天皇の場合、尊攘浪士に大和行幸に連れ出され、「攘夷」の号令と共に吉野の山で倒幕の総大将にされてしまうかもしれないという危険にさらされてやっと、薩摩や会津に対して「長州を追放せよ」と自ら命令を発するのです。昭和の二・二六事件の鎮圧も、太平洋戦争終戦の聖断も同様です。開戦や戦争の継続などは「御爪点」同様、下の決定を追認するわけですが、原爆が落とされ、これ以上やられたら三種の神器も守れず、日本民族が滅びかねない危機が訪れるとようやく自ら命令を出す。近代日本の意思決定システムは、「御爪点」文化と、王自らが命令を下すプロシア型の政治制度との奇妙な結合なのではないでしょうか。

半藤　昭和二十（一九四五）年八月九日、長崎に原爆が投下されても、阿南惟幾《あなみこれちか》陸相をはじめとする陸軍の強硬姿勢により、終戦がなかなか決まらない。そこで、昭和天皇と鈴木貫太郎首相が進めた〝儀式〟は興味深いです。

同日深夜、御前会議の席上で、鈴木は「結論が出なかったので、天皇のご判断を仰ぎたい」といきなりやるのです。すると、普段は発言しないはずの天皇が「それなら、私の意見を言おう」「私は東郷茂徳外相の（終戦の）意見に同意である」と言うではありませんか。陸軍はいっぱい食わされた（笑）。侍従長を長く務めた鈴木と天皇の、主従のア・ウンの呼吸がうまくいった例です。

昭和の最後の元老、西園寺公望は、次の元老として、総理大臣経験者でもある実力者の斎藤実《まこと》と高橋是清を考えていた節があります。彼らを加えて三人の合議制でやっていこうとしたのですが、二・二六事件で二人とも殺されました。この事件を境に西園寺が気力を失ったのは、軍のテロに対する恐怖によるものと思っていましたが、むしろ、自分ひとりで元老を務めるには年をとり、骨身が折れるなと思っていたときに、後継者が殺されてしまってがっくりとしたというのが本当のところなのかもしれません。二人のどちらかでも生きていれば、昭和は違っていたと思いますね。

初出一覧（掲載章順）

●「阿川佐和子のこの人に会いたい」第1195回『週刊文春』2018年1月25日号
●「日本史のリーダー十傑」『文藝春秋SPECIAL』2012年夏号
●「日本人の不思議な起源」『文藝春秋』2013年4月号
●「織田信長　改革と破壊と」『文藝春秋』2008年5月号
●「戦国武将の養生訓」『文藝春秋』2012年6月号
●「徳川家康を暴く」『文藝春秋』2023年4月号
●「幕末最強の刺客を語る」『文藝春秋』2011年2月号
●「〝遠くて近い〟からハマる！　幕末のヒーローたち」『CREA』2010年9月号
●「龍馬を殺《や》ったのは誰だ!?」『歴史通』2010年5月号
●「江戸人たちの『バカの壁』」『Voice』2003年12月号
●「鎖国か開国か？　グローバリズムと日本の選択」『文藝春秋SPECIAL』2017年秋号
●「半藤さんが悟った『昭和の始まりは幕末だ』」『くりま』2009年9月号

磯田道史（いそだ みちふみ）

1970年岡山県生まれ。慶應義塾大学大学院文学研究科博士課程修了。博士（史学）。国際日本文化研究センター教授。著書に『徳川家康　弱者の戦略』『感染症の日本史』（ともに文春新書）、『無私の日本人』（文春文庫）、『日本史を暴く』（中公新書）、『武士の家計簿』（新潮新書）、『近世大名家臣団の社会構造』（文春学藝ライブラリー）など多数。

文春新書

1438

磯田道史《いそだみちふみ》と日本史《にほんし》を語《かた》ろう

2024年1月20日　第1刷発行
2024年2月5日　第2刷発行

著　者　磯田道史
発行者　大松芳男
発行所　株式会社　文藝春秋

〒102-8008　東京都千代田区紀尾井町3-23
電話（03）3265-1211（代表）

印刷所　理想社
付物印刷　大日本印刷
製本所　大口製本

定価はカバーに表示してあります。
万一、落丁・乱丁の場合は小社製作部宛お送り下さい。
送料小社負担でお取替え致します。

ISBN978-4-16-661438-7